Bezerra de Menezes
O médico dos pobres

Francisco Acquarone

Bezerra de Menezes
O médico dos pobres

Aliança

6ª edição, Novembro/2018, do 106º ao 107º milheiro

Título
Bezerra de Menezes, o médico dos pobres

Autor
Francisco Acquarone

Revisão
Maria Aparecida do Amaral e Brigite Amaral

Diagramação
Sônia M. Silva

Capa
Jaqueline Silva

Impressão
Rettec Artes Gráficas e Editora Ltda.

Ficha Catalográfica

Dados Internacionais de Catalogação na Publicação (CIP)
— Câmara Brasileira do Livro | SP | Brasil —

Acquarone, Francisco, 1898-1954.
Bezerra de Menezes, o médico dos pobres/ Acquarone, Francisco -- 6. ed -- São Paulo : Editora Aliança, 2018.

ISBN: 978-85-8364-075-2

1. Espiritas - Bigrafia 2. Menezes, Bezerra de , 1831-1900 I. Título.

13-02425 CDD-133.9092

Índice para catálogo sistemático:

1. Espíritas: Biografia e obra 133.99092

Editora Aliança
Rua Major Diogo, 511 - Bela Vista - São Paulo - SP
CEP 01324-001 | Tel.: (11) 2105-2600
www.editoraalianca.com.br | editora@editoraalianca.com.br

Sumário

Francisco Acquarone

(o autor)

Francisco Acquarone é um nome consagrado da vida artística brasileira. Nascido no Rio de Janeiro, em 1898, Acquarone viveu até 1954.

Foi uma vida inteira dedicada ao desenho, à pintura, à divulgação das artes, à literatura para jovens e adultos. Foram inúmeras as suas atividades artísticas.

Como pintor, depois de ter estudado na Escola Nacional de Belas-Artes com os mestres Rodolfo Amoedo, Modesto Brocos e Batista da Costa, deixou-nos várias telas, tais como: "Fundação da Cidade do Rio de Janeiro", "Flama e Argila", "Resto de Bandeira", "A FEB em ação", "Batalha do Guararapes" além de alguns retratos a óleo e a guache, assim como séries de aquarelas que se encontram no Museu da Cidade.

Era pintor vigoroso, possuía um colorido vivo, quente como a nossa paisagem tropical e estilizava a figura humana seguindo a tendência moderna de sua época.

Como ilustrador e caricaturista, assinava-se "Acqua" e colaborou em *Dom Quixote*; fez parte da equipe de *O Globo*, do *O Jornal*, de *Dom Casmurro*, de *A Noite*, de *O Malho*, da *Ilustração Brasileira*, etc.

Como autor, Acquarone escreveu vários livros de literatura juvenil, sendo os mais conhecidos *Os Grandes Benfeitores da Humanidade* e o *Gigante Brasil*.

Publicou juntamente com Adão Queiroz Vieira os primeiros fascículos dedicados à pintura no Brasil com reproduções e comentários de telas famosas.

História da Arte no Brasil foi o primeiro livro dedicado ao ensino de arte editado no Brasil. Esse livro foi cuidadosamente atualizado para os jovens estudantes de hoje, por sua filha, também artista, Lêda Acquarone de Sá, e, sairá breve.

Outros livros de sua autoria foram: *História da Navegação* – esgotado; *História da Música Brasileira* – esgotado; *Mestres da Pintura no Brasil*, também esgotado; e *Bezerra de Menezes, o "médico dos pobres"*, que no momento apresentamos aos leitores, também atualizado.

Francisco Acquarone é nome respeitado e citado em todos os dicionários de Arte de hoje.

Agosto de 1979

Bezerra de Menezes

(o retrato)

O retrato acima, utilizado na capa deste livro, é reprodução de um postal (originalmente em preto e branco) cedido a Antônio Lucena por um neto de Bezerra de Menezes. Lucena, por sua vez, solicitou a um artista retratista que realizasse a sua ampliação, a cores, especialmente para o Museu Espírita do Rio de Janeiro (atual Museu Espírita do Brasil, com sede em Brasília), tendo em seguida batido uma chapa fotográfica do mesmo.

Já o retrato seguinte, de Bezerra de Menezes como médico-militar, envergando o fardão dos intendentes do Império, pertence ao município do Rio de Janeiro e foi oferecido pela colônia portuguesa prestando-lhe significativa homenagem durante seu mandato de homem público. A pintura é um óleo de Augusto Rodrigues Duarte, notável pintor brasileiro, que viveu de 1848 a 1888. Embaixo do quadro, numa pequena chapa de prata, lê-se textualmente:

"Dedicatória — Tributo do maior respeito e consideração que, em homenagem ao grande talento e honrado caráter do dr. Adolfo

Bezerra de Menezes consagram súditos portugueses, residentes nesta Corte. Rio de Janeiro, 8 de Dezembro de 1879."

A fotografia aqui publicada deste retrato foi gentilmente enviada ao autor pelo conhecido médico espírita, dr. Milton de Andrade, com os seguintes dizeres:

"Bezerra de Menezes foi médico, presidente da Ilustríssima Câmara da Corte, deputado geral do Império e oficial do Exército do Brasil. Foi espírita e, acima de tudo, um grande valor moral.

Sua biografia, da lavra de Acquarone, nome conhecido nas belas--artes nacionais, não deveria ser publicada sem esta fotogravura, que ofereço ao autor e ao leitor — reprodução de um quadro de A. Duarte, considerado o melhor retrato a óleo já feito no país."

Rio de Janeiro, 1941.
Milton de Andrade

Membro do Conselho Provisório da
"Sociedade de Medicina e Espiritismo do Rio de Janeiro".

O dr. Bezerra de Menezes,
médico-militar aos 34 anos de idade.
Retrato a óleo existente na
Assembleia Legislativa – RJ.

Prefácio

Ao receber o pedido dos editores da "Aliança Espírita Evangélica", para contar alguma coisa referente a meu pai, Francisco Acquarone, sobre sua vida e os motivos que o impeliram a escrever o livro *Bezerra de Menezes, o "médico dos pobres"*, procurei logo o senhor Adão Queiroz Vieira, antigo sócio e colaborador de meu pai, e anotei o seu depoimento:

Era dezembro de 1934, semana de Natal.

O senhor Adão Vieira era um dos donos de uma loja na rua do Ouvidor e se encontrava em grande atividade de venda. No tumulto das compras de Natal, o senhor Adão reparou num cidadão forte, alto, corado e simpático que manuseava com enorme interesse umas reproduções coloridas expostas no balcão, reproduções essas que estampavam quadros famosos de pintores brasileiros. Atraído por aquela pessoa que irradiava inteligência e simpatia, indagou em que poderia servi-lo. Com um sorriso, Acquarone perguntou-lhe onde havia obtido aquelas belas reproduções, coisas raríssimas e talvez inéditas em balcão de lojas do tipo "loja de departamentos". O senhor Vieira quis saber o motivo de tanto interesse pelas estampas, e Acquarone respondeu que pertencia à "família dos sofredores artistas plásticos" e que, alem de ser autor de obras literárias, era pintor. Daí, começou uma amizade que iria se prolongar por toda vida.

O senhor Vieira ofereceu-lhe, como cortesia da casa, um exemplar de cada gravura. Dias depois, Acquarone apareceu na loja, levando para o amigo alguns exemplares de livros de sua autoria, tais como: *História da Arte no Brasil* e *Os Grandes Benfeitores da Humanidade*, dizendo também que no momento estava escrevendo a biografia do médico Bezerra de Menezes, personagem a quem, independente de qualquer credo religioso ou conceito filosófico, muito admirava.

Agora passo a palavra ao sr. Adão Queiroz Vieira; é ele quem nos conta:

"Contou-me então Acquarone que o estímulo que mais agudamente o compelia a levar a tarefa até o fim, foi o fato de certo dia pela manhã, em sua casa, ter sido chamado insistentemente por sua filha Lêda, então com apenas nove anos de idade, que lhe dizia estar sentado na sala, à sua espera, e sorrindo para ela, um senhor de barbas. Indo o pai rapidamente para a sala, a fim de atender tal pessoa, não encontrara ninguém. Impressionado com o fato, dirigiu-se Acquarone à sua mesa de trabalho, acercando-se dele a filha, a qual, de súbito, apontando para um retrato em cima da mesa, exclamou: Foi este homem papai que esteve aqui!"

Era a fotografia de Bezerra de Menezes, cuja biografia começara Acquarone a escrever...

Escuso-me de comentar o fato, em face do livro; deixo de comentar a obra, a vista de tal fato. Completam-se. Ressalto tão só, que tão valiosa e benéfica é essa obra, que foi a mesma impressa também no alfabeto Braille, a expensas de uma associação espírita.

A você, querido Acquarone, luminoso Espírito desen-carnado a seis de abril de 1954, nossa perene admiração, profunda amizade e constante reconhecimento pelo bem que esparziu, a mancheias, e pela benemerência de sua obra, que é a afirmação de seu belo caráter e de suas imarcescíveis e cristãs qualidades.

"Rio de Janeiro, 1º de julho de 1979 — Adão de Queiroz Vieira."

Como sua filha Lêda, tenho a acrescentar ainda que meu pai, todas as vezes que era convidado a realizar palestras em centros espíritas, sempre falando sobre a figura maravilhosa desse médico Bezerra de Menezes, videntes presentes a essas reuniões afirmavam terem visto essa mesma figura de barbas ao lado de meu pai, com as mãos pousadas em seu ombro durante todo o tempo em que ele falava.

Acquarone não era crente, não possuía religião definida, dizia-se um "livre pensador", mas foi um Espírito inteligente e culto, que irradiava uma profunda segurança, honestidade e certeza em tudo que produzia.

Sentia as injustiças do mundo, o sofrimento dos pobres, lutava por um mundo de paz e harmonia, sem miséria, com justiça, e creio que foi por essas razões que escreveu a vida e a obra de Bezerra de Menezes, esse notável "médico dos pobres".

Lêda Acquarone de Sá

1

Razões de Ser

A forma literária mais versada hoje em dia é, indiscutivelmente, a da biografia romanceada. Após os consagrados processos de análise psíquica, muitas e apreciadas têm sido as vantagens resultantes de sua aplicação no estudo de personalidades históricas.

Esta análise, percuciente e profunda, nada mais é do que a psicologia introspectiva.

Mas se antes disso a psicologia não passava de um estudo meramente superficial, sem elementos de penetração, agora ela se tornou perfunctória, incisiva e infalível.

Lemos, hoje em dia, na alma das criaturas, tão facilmente, como percebemos em uma carta geográfica, todos os acidentes naturais, quer sejam os maiores relevos como as mais fundas depressões... Não há mais segredos na alma humana.

O mistério e o sobrenatural há muito foram banidos...

A ciência, bandeirante ousada do incognoscível, iluminou os recantos mais obscuros do escaninho humano, tornando de uma clareza inegável tudo o que dantes se apresentava penumbroso e indefinível.

Mercê desse avanço absoluto é que os homens podem agora se tornar mais conhecidos. Daí o afã com que os analistas se atiram à obra de devassa na vida de várias personalidades históricas, determinando-lhes as origens de tais ou tais impulsos.

Surgiram, destarte, Stefan Zweig, Emil Ludwig Cohn, Fülop Muller, Herman Wendel, Maurois, Mauriac e tantos outros, todos discípulos de Freud e escravos da verdade.

Figuras que projetaram sombra nas páginas da História foram escalpeladas pelo bisturi dos perfuntadores geniais. Evidenciaram-se complexos, fixações, recalques, etc., como responsáveis por este ou aquele impulso, por esta ou aquela decisão, causadores, às vezes, de movimentos históricos cujas origens eram até então desconhecidas.

O romance é, pois, hoje em dia, o próprio romance da vida; o romance que a vida escreve.

Não mais se inventa uma novela; escreve-se uma biografia. E para que inventar, se a vida nos fornece as novelas mais extravagantes e as personagens mais complexas? Basta apenas observar...

Certa vez — não faz muito tempo — recebi um convite para discorrer, no Centro Espírita Cristófilos, a respeito da personalidade de Bezerra de Menezes.

Conhecia-lhe apenas o nome. No intuito, porém, de atender à solicitação amável do presidente Porfírio Duarte Bezerra Júnior, subi as escadarias da Biblioteca Nacional e principiei a manusear livros, jornais e revistas dos fins do século passado.

Não me custou muito arranjar o material necessário para essa pequena conferência. Surpreenderam-me, no entanto, o calor e o entusiasmo com que o auditório a recebeu.

Comecei, então, a desconfiar que Bezerra de Menezes era um nome altamente prestigiado no seio das numerosas hostes espíritas.

Mais tarde, dado o sucesso da palestra, lida várias vezes, ocorreu-me a ideia de a divulgar, devidamente ampliada, em um jornal qualquer. E assim o fiz.

Durante alguns meses, apareceram em *O Cristófilo* os primeiros capítulos da vida de Bezerra de Menezes.

Enorme e animadora foi a colhida que a mesma encontrou no Brasil inteiro. De todos os recantos do país, comecei a receber cartas e bilhetes, sugerindo-me a sua publicação em volume. Não fui surdo aos meus missivistas; meti mãos à obra.

E aí está, como uma pequena conferência pode ir crescendo, crescendo e se avolumando para se transformar em um livro de não sei quantas páginas.

❖

Longe de mim pretender — coisa que seria ridícula — apresentar a vida de Bezerra de Menezes, dentro dos processos da análise psíquica. Não. Seria tarefa de grave cometimento, capaz de ser realizada apenas por cérebros consagrados.

Pensei, contudo, fornecer aos estudiosos pósteros, subsídios — notem bem, subsídios, apenas — para o relato da vida do grande espírita, conhecido mui justamente pelo cognome de "Kardec brasileiro".

Não me foi tão fácil assim a concatenação dessas ligeiras informações. Obtive-as, todavia, mercê de confissões íntimas, pequenos relatos de criaturas cujo convívio com o notável homeopata trouxe-lhes um pequeno acervo de recordações. A melhor fonte, porém, foi a de um consciencioso estudo do dr. Canuto Abreu, publicado na revista *Metapsíquica*, de São Paulo.

Nele, pude haurir, à vontade, os esclarecimentos que aparecem nesse ligeiro e despretensioso ensaio.

Há mesmo, no transcurso dessas páginas, citações frequentes, tomadas do estudo do conhecido jornalista.

Sua publicação se justifica pela vontade que tem o autor em difundir os exemplos das vidas coroadas de sacrifício e de amor à humanidade.

Quando mais não fosse, bastaria o argumento de que o Espírito altamente iluminado do grande médico continua, até hoje, a dispensar o seu amparo caridoso a todos aqueles que demandam os centros espíritas, em busca de bálsamo para o corpo ou de paz para o Espírito.

2

A Mais Bela Herança é Ainda Um Bom Caráter

Foi na madrugada de 29 de agosto de 1831 que o pequeno Adolfo viu a luz do dia.

Seus pais, residentes na freguesia do Riacho do Sangue, no Estado do Ceará, possuíam largos recursos, na época em que o garotinho soltava os primeiros vagidos.

O velho Antônio Bezerra de Menezes, que era capitão das antigas milícias e tenente-coronel da Guarda Nacional, tinha bens de fortuna, representados em fazendas de criação.

O gado constituía, naqueles tempos afastados, a verdadeira riqueza da província.

A venda dos rebanhos deixava larga margem de lucros aos criadores.

O "coronel" Antônio, como um dos mais importantes fazendeiros locais, hauria dela os proventos necessários para sua família, constituída pelo casal, quatro filhos e um número considerável de parentes e agregados. Porque tanto ele como a esposa, dona Fabiana de Jesus Maria Bezerra, eram duas almas grandes...

O simples relato da vida do "coronel" Bezerra vale por um modelo de probidade e de justiça. Raramente se encontra um traçado de retidão tão complexo como este.

Bom e generoso, cheio de comiseração para a necessidade alheia, nunca mediu sacrifícios, na hora de socorrer aqueles que lhe estendiam a mão.

Coisa natural em casos tais, essas mãos nem sempre eram estendidas com a franqueza de quem precisasse realmente; muitas vezes, o gesto acobertava intenções secundárias.

Daí a exploração de que, não raro, foi vítima o coração bondoso do "coronel" Antônio Bezerra.

A todos, ele prodigalizava os seus bens. Fornecia dinheiro, indistintamente, e quando o cofre se achava esgotado recorria aos "abonos". Sacava prazerosamente sobre os seus lucros futuros, comprometendo destarte, a própria fortuna.

Um dia a coisa chegou a triste termo.

Em uma verificação de contas, o balanço acusava resultados alarmantes. A coluna dos débitos mostrava quantias mais elevadas do que a coluna dos haveres.

As dívidas ultrapassavam, de muito, os lucros futuros; durante largo número de anos, o fazendeiro teria de trabalhar, só para suprir os desfalques consideráveis provocados pelos abusos comprometedores.

O velho "coronel" verificou então, cheio de pesar, que o seu coração bondoso o obrigara a um excesso que ele próprio ignorava.

Sua inteireza de caráter, no entanto, soube ditar-lhe imediatamente a única atitude digna; e ele foi procurar os credores, um por um, transmitindo-lhes a sua decisão: entregar todos os seus bens para pagamentos das dívidas.

Sucedeu, porém, o que ninguém esperava.

Os credores, reunidos, recusaram a aceitação dos mesmos. Foram além, em uma verdadeira homenagem ao caráter e à conduta irrepreensíveis do velho fazendeiro, assinaram um memorial onde declaravam que os seus bens continuariam sempre seus e... "que gozasse deles e pagasse como e quando quisesse, que eles, credores, se sujeitariam aos prejuízos que pudessem ter".

O "coronel" recebeu a mensagem e, embora embargado pela comoção, insistiu para que aceitassem sua decisão. Não houve jeito de chegarem a acordo.

Convencido de que não poderia mesmo demover aqueles homens, fez uma solene declaração: jurou que, daquela data em diante, se considerava simples administrador daquilo que fora sua fortuna. E se assim prometeu, melhor ainda o realizou. Continuou a reger os destinos da fazenda, acumulando os lucros para aqueles a quem ele chamava os "donos" da mesma.

Retirava apenas o necessário para manter a família. Esse necessário, no entanto, era tão restrito que, muitas vezes, ela chegou a passar privações.

Na ocasião em que se verificaram tais ocorrências, o menino Adolfo, último rebento do casal, estava terminando o seu curso de preparatórios.

Os dois mais velhos tinham se formado em leis e o terceiro cursava ainda o segundo ano, na Faculdade de Direito de Olinda.

Adolfo foi, portanto, o menos aquinhoado pela sorte, pois a "débacle" paterna o surpreendera ainda no curso de humanidades. Esse período, contudo, foi promissor para a vida do pequeno estudante.

Contava apenas sete anos de idade quando sua mãe o levou pela mão e o matriculou na escola pública da vila do Frade. Em dez meses, aprontou-se na leitura, na escrita e em contas.

Quatro anos depois, a família Bezerra viu-se forçada a emigrar. O velho, que fazia parte dos "liberais", velho partido político da província do Ceará, encontrava-se na contingência de abandonar as suas terras e remover a família para o Rio Grande do Norte.

Era o tempo da perseguição impiedosa que as autoridades vitoriosas exerciam sobre os liberais.

É curioso assinalar a analogia estranha entre a conduta política do velho Antônio Bezerra e o papel também político, desempenhado muito mais tarde pelo filho, na Corte: ambos se bateram, sempre solidários, com as hostes liberais...

Dir-se-ia que a própria essência do liberalismo guiava aqueles espíritos de eleição, ditando-lhes o rumo de retidão e de amor aos seus semelhantes.

Ambos sofreram as injúrias e os apodos daqueles que não podiam ou não queriam compreender a elegância moral com que revestiam suas atitudes, invariavelmente.

Na província potiguar, o pequeno Adolfo, que contava ainda doze anos de idade, foi matriculado na aula pública de latinidade, que funcionava na Serra do Martins e era dirigida por padres jesuítas. Isto se verificava na vila da Maioridade, mais tarde cidade da Imperatriz.

Sua natural propensão para qualquer estudo fez com que ele muito se adiantasse. E de tal forma foi esse adiantamento, de maneira tão surpreendente aprendeu ele os segredos e o manejo do idioma que, dois anos após, chegou a substituir o professor.

Sim senhor; tomava o lugar do mestre, ditando as lições aos colegas e corrigindo-lhes os erros cometidos nas declinações latinas!...

Em 1846, o velho Bezerra resolveu retornar ao Ceará, pois as perseguições políticas, ali, já não mais se verificavam. Mas não voltou para a velha fazenda do Riacho do Sangue; fixou residência na capital da província.

Aí, o pequeno Adolfo foi matriculado no Liceu, que era dirigido por seu irmão mais velho.

Quatro anos, mais ou menos, frequentou ele os bancos escolares deste estabelecimento, terminando os seus preparatórios.

Não sentindo pendor algum para o estudo do direito, confessou ao pai os anelos que nutria pela medicina.

Como no Norte, naquela época, não houvesse escolas de medicina, o velho fazendeiro viu-se na contingência de enviar o filho para a Corte.

Não queria servir de obstáculo à vontade do pequeno, opondo-lhe dificuldades de qualquer espécie.

Pretendia ser médico? Pois que seguisse o seu destino! Apenas, como a situação da família era precária, angustiosa mesmo, o "coronel" decidiu contar ao rapaz tudo o que acontecera, a fim de que este, antes de partir, pudesse formar um juízo perfeito acerca da linha de conduta e do caráter de seu pai.

Chamou o jovem estudante, que contava apenas vinte anos, e, em palavras repassadas de ternura e de altivez dignificadora, expôs-lhe todos os motivos de sua pobreza, relatando-lhe o que sucedera com os credores, com a fazenda, etc.

Finda a narração, Adolfo levantou-se, com os olhos marejados de lágrimas, e abraçou o pai.

Disse-lhe, então, que tudo o que ouvira havia sido um grande e inestimável estímulo para ele.

— Sua vida, meu pai, está repleta de verdadeiros rasgos de probidade. Seus atos ficarão impressos dentro do meu coração, como modelos de dignidade e retidão moral. Prometo, no entanto, ao senhor e a mim mesmo, ser digno do nome honrado que levo comigo para a Corte.

O velho, comovido, abraçou o filho. Intimamente possuía a certeza de que este cumpriria a promessa.

❖

Dias depois, os parentes se cotizaram e conseguiram a quantia de quatrocentos mil réis, destinados a custear a viagem do rapaz.

Compradas as passagens e a roupa indispensável, o futuro médico fez as suas despedidas; e, em uma tarde quente de verão, desse verão nordestino que acende fogueiras no Ocidente, sobre os verdes mares bravios, sulcados de jangadas, o jovem Adolfo, debruçado na amurada do navio que singrava as águas, acenava, tristemente, para as praias saudosas do seu estado natal.

3

"A Quelque Chose Malheur est Bon..."

Bezerra aportou, aqui na Guanabara, absolutamente só, sem um amigo sequer, trazendo muitas esperanças no coração, muitos sonhos de ambição no cérebro e trinta e oito mil réis nas algibeiras.

Iniciou-se então para o rapaz a fase da sua vida de estudante, cujos anos foram coroados por sucessos sempre crescentes.

Realmente, de 1851 a 1856, decorreu o lustro mais cheio de esperanças e de inquietações vivido pelo futuro médico.

Foram cinco anos de sacrifícios e de duras renúncias, em que a vontade de vencer era a única bandeira a cuja sombra o estudante pobre se abrigava.

Dotado de um temperamento esquisito e um tanto bisonho, que o tornava arredio da turbulência dos colegas, Bezerra procurava instintivamente o isolamento e o sossego, tão necessários ao seu Espírito de pensador embrionário.

Na idade em que a rapaziada costuma extravasar a alegria própria da juventude, o nosso candidato a esculápio ensimesmava-se, recluso, para o estudo e a meditação.

A respeito de religião, nada havia ainda pensado, maduramente...

Nascido e criado sob os auspícios do catolicismo, conservara-o até então, como uma tradição transmitida pelo amor dos pais.

Como todo moço de família do interior nordestino, o seu catolicismo era, contudo, eivado de fatos espíritas, acontecidos aqui e ali, e que respingavam a sua adolescência.

No Norte, aliás, onde as crendices de toda a espécie encontram guarida em seu vasto e variadíssimo folclore, a noção religiosa entre as famílias do interior, apresenta-se repleta de acontecimentos espiritóides e lendas do sobrenatural.

Assim é que, desde criança, Bezerra se acostumara a ouvir as mais estranhas narrações, onde apareciam seres extravagantes, como capetas, mulas-sem-cabeça, iaras e quejandas superstições.

As histórias de almas do outro mundo, de demônios e casas mal-assombradas, repontavam amiúde, deixando na alma do garoto estigmas de pavor e sentimentos de medo.

Em tudo ele acreditava, como acontece com todos os da sua idade. Mesmo porque tais baboseiras não eram apenas apresentadas pela boca dos sertanejos incultos; até as pessoas gradas do local falavam delas, com o devido respeito supersticioso...

Aos sete anos, por exemplo, ouvira dizer que as almas dos mortos vêm constantemente visitar os vivos... Isto causou uma profunda impressão no cérebro do pequeno, que passou várias noites alarmado e amedrontado.

Aos nove anos, na mesma freguesia em que nascera, certa vez, uma moça conhecida de sua família foi vítima de uma possessão horrível. A infeliz debateu-se, durante dias, em sofrimentos angustiantes.

Chamado o vigário da localidade, que era o padre Frutuoso, este, solicitamente compareceu, a fim de aplicar o exorcismo com que costumava restituir a calma ao paciente, em casos tais...

Daquela vez, porém, o exorcismo nada adiantou; e padre Frutuoso, bem como o meritíssimo juiz local, declarou solenemente à população que o diabo havia entrado no corpo daquela moça...

Esta, no dia seguinte, voltava a si, naturalmente, pois a obsessão findara.

O fato, no entanto, causou funda impressão em toda a gente. Bezerra, pelo menos, dele se lembrava sempre, como a primeira dúvida que lhe inspirara a ineficiência do catolicismo...

O curso de Bezerra de Menezes, na Escola de Medicina do Rio de Janeiro, ficou na vida do "Kardec brasileiro" como uma página afirmativa da vontade e da fé extremadas, que sempre o animaram na conquista de seus ideais e na consecução de seus sonhos.

Esses cinco anos foram, efetivamente, sublimados por toda espécie de renúncias e de sacrifícios, suportados, aliás, com resignação e serenidade.

Múltiplas eram, sem dúvida, as necessidades que o cercavam, tentando quebrantar-lhe o ânimo; este, porém, ao contato do derrotismo ambiente, como que se desdobrava, multiplicando forças e acumulando energias para a luta futura.

Não fora, portanto, o estímulo da própria vontade, essa espécie de autopropulsão que impele os indivíduos fortes para o clarão do ideal colimado, e o nosso pobre estudante teria fatalmente sucumbido, abafado sob os escombros de um fracasso ruidoso...

Pobre, um dos estudantes mais pobres do seu tempo, viu-se na necessidade de lecionar, desde o segundo ano, a fim de poder manter-se na Faculdade. Dava aulas, nas horas de intervalo e à noite.

Nos momentos em que os colegas concediam tréguas ao cérebro, Bezerra impunha mais trabalho ao seu.

Como não possuía livros, estudava nas bibliotecas públicas. Preferia isso a pedir os compêndios dos companheiros.

Não era por orgulho que assim procedia; muito menos por falta de simpatias na turma. Nada disso. É que o seu temperamento, arredio e tímido, ditava-lhe essas atitudes que lhe foram, em parte, plasmando o caráter de homem habituado a contar consigo mesmo, embora pudessem os outros contar com o seu esforço, incondicionalmente...

Destacava-se dos demais por uma linha de conduta impecável, linha que nunca foi quebrada em momento algum.

Por isso mesmo era geral a estima que lhe dedicavam. E causava até certa impressão à turma o aspecto daquele moço forte, corado e de olhos meigos e inteligentes, que lembrava o tipo racial dos nórdicos europeus, casando a pujança física à humildade bondosa da sua alma simples. Não gostava de "repúblicas", as famosas repúblicas de estudantes do seu tempo, onde a estúrdia imperava e o bom senso, às vezes, periclitava a valer...

Nunca as frequentou. Preferia mesmo viver só, morar só no seu quarto pobre, e, ali, sem mais ninguém, estudar sem descanso.

Tudo isso mais e mais impressionava os colegas que, por fim, se habituaram a enxergar nele uma espécie de conselheiro e amigo dos mais avisados. Suas palavras meditadas, plenas de reflexão e suavidade, eram ouvidas, em silêncio, pela turma que o cercava, cheia de respeito e admiração.

Dir-se-ia que já naquela ocasião Bezerra se preparava para ser o guia futuro dos seus coevos, o chefe espiritual das multidões que o iriam escutar mais tarde, quando a sua palavra, ungida pela doutrina e pela fé, tivesse ressonâncias mais estranhas e mais penetrantes...

A esse tempo um sopro de ateísmo perpassava pelo mundo inteiro. As ideias heréticas, agitadas pelas filosofias de todas as épocas, secavam o campo espiritual, como um pampeiro destruidor, solapando as últimas raízes da fé que ainda resistiam no pensamento e no coração das massas.

Somente os pobres de espírito, aqueles que não tentavam devassar o abismo dos conhecimentos, conservavam ainda o fervor religioso.

Mas a mocidade estudiosa, essa, à medida que conquistava maior cabedal de cultura, declarava-se, desde logo, de um ateísmo irrevogável.

As tertúlias agitavam as "repúblicas"; os meios acadêmicos, ao contato dessa onda renovadora de sentimentos, acabaram, também, por convencer-se da vitória antideísta, perdendo a fé que, como ele mesmo confessava mais tarde, "não era firmada na razão".

Quanto a Bezerra de Menezes, a convivência com o ateísmo trouxe-lhe a dúvida... E desde então um ceticismo brando principiou a crescer e a tomar vulto no seu pensamento. No fundo, porém, conservava-se deísta e animista.

Sobre essas questões, aliás, ele nunca se expandia inteiramente, com os colegas. Limitava-se a ouvir e a ler, sobretudo, ler muito.

No seu quarto modesto, cercado pela miséria do ambiente, assistiu a queda estrepitosa das velhas crendices e das superstições absurdas que, até aquela data, tanto haviam contribuído para impedir o vu do seu Espírito e a maior amplitude do seu pensamento.

Há um fato na vida de Bezerra que, de tão citado, já se tornou por demais conhecido; revela ele, contudo, a primeira manifestação do mundo invisível ao Espírito do então jovem estudante.

É o seguinte: certa vez sentia-se o nosso futuro esculápio em sérias dificuldades financeiras.

Não havia ninguém a quem ele pudesse pedir. A única pessoa que às vezes lhe valia em momentos tais era um alfaiate, velho conhecido da província. Este, de quando em quando, emprestava-lhe dez ou vinte mil réis, até que os alunos lhe pagassem as aulas.

Vejamos como ele próprio relata esses fatos:

"O que me valia era o alfaiate, a quem pagava um tanto por mês pela roupa que lhe mandava fazer e que, por minha pontualidade no pagamento, me supria, de vez em quando, nos meus maiores apuros, uns vinte ou trinta mil réis, que nunca mais do que isso lhe pedi. Mas agora precisava de cinquenta, pois tinha que comprar botinas e chapéu e alugar, ida e volta, um rocinante. Oh!, como me batia o coração à ideia do homem abanar-me a cabeça! Além do vexame, o pesar de não ir à festa do Cardozo, em casa do tio Anselmo, onde já via, pelo pensamento, brilharem duas estrelas: os olhos da prima Gertrudinha. Só esta perspectiva me decidiu na tremenda luta de ir ou não ir ao meu banqueiro.

À porta, ia recuar, entendendo que era melhor não me expor a uma vergonha e, mesmo, na melhor hipótese, não contrair uma dívida que me cativaria por muito tempo...Mas o caixeiro, que me conhecia, veio a mim saber o que queria. "Alea jacta est". Vencer ou morrer. Perguntei-lhe: O sr. Faria está? Respondeu-me ele: "Embarcou ontem para a Europa, mas se precisa de alguma coisa, está aí o contramestre". Foi uma punhalada que me dissipou as fumaças de flamejar no Itaboraí, mas foi ao mesmo tempo um calmante para minha agitação, quer de passar por uma vergonha, quer de contrair um dívida que é sempre um cancro, de que poucos, quando se torna um hábito, se salvam. Dever, para quem se preza, é sempre uma escravidão moral que se não resgata senão por sacrifícios e que perturba a alma durante toda a sua permanência. Dei costas à casa, onde ia prender grande parte do meu futuro, porque cinquenta mil réis, para mim, eram tanto como cinquenta contos para outros. Voltei mais alegre do que triste, lembrando-me do que ouvi à minha mãe: "Boa romaria faz quem em casa fica em paz".

De outra feita o caso foi mais sério, pois as taxas na Faculdade estavam a sua espera. Se Bezerra não lhes satisfizesse o pagamento arriscava-se a perder o ano.

E não era só. O senhorio, sujeito atrevidaço e sem entranhas, ameaçava pô-lo na rua.

Desesperado — uma das poucas vezes em que Bezerra se desesperou na vida — e como não fosse incrédulo, ergueu os olhos ao Alto e apelou para Deus.

Nessa ocasião bateram à porta. Era um moço de fisionomia simpática e atitudes polidas que vinha tratar umas aulas de matemática.

Bezerra recusou, a princípio, confessando mesmo ser esta a matéria que ele mais detestava. O visitante relutou; por fim, lembrando-se de sua situação desesperadora, Bezerra resolveu aceitar.

O moço, sob o pretexto de que podia esbanjar a mesada recebida do pai, pediu licença para efetuar o pagamento adiantadamente.

Após alguma relutância, convencido, acedeu. Combinado o dia e a hora para o início das aulas, o visitante despediu-se. Bezerra não cabia em si de contente. Nesse mesmo dia liquidou o aluguel e as taxas de exames na Faculdade.

Lembrou-se, porém, do compromisso, e, como não possuísse livro algum sobre a matéria, correu à biblioteca e, durante horas, devassou com sofreguidão os vários pontos para a próxima aula.

Essa, todavia, não se realizou; nem essa nem outra qualquer, pelo simples motivo de que o discípulo não mais apareceu.

Dias se passaram e...nem vivalma...

Isto preocupou sobremaneira o jovem estudante que nunca deixou de se referir a tal fato como uma das primeiras manifestações do auxílio que o mundo invisível pode dispensar a qualquer Espírito angustioso.

Em todo o caso, concluía ele, jovialmente — foi essa a única vez em que estudei a fundo uma lição de matemática; o fato, assim mesmo, para alguma coisa me serviu...

4

Entre a Espada e a Palavra

Foi ao expirar de 1856 que Bezerra de Menezes concluiu o seu curso de medicina. Contava, então, vinte e cinco anos de idade.

Com um respeitável canudo de folha debaixo do braço e um anelão no indicador direito, o novel facultativo transpunha os umbrais da Academia, deixando as lutas escolares para trás e disposto a enfrentar, com ânimo, as lutas que o mundo, cá fora, iria por certo oferecer-lhe...

Sua primeira ideia foi, logicamente, a de instalar um consultório. Não possuía, contudo, meios necessários para tanto. Entrou, então, em entendimentos com um colega de turma, mais aquinhoado pela fortuna. Combinados, instalaram-se em uma salinha, no centro comercial da cidade.

Os primeiros tempos foram, logo, daqueles capazes de desanimar os dois jovens esculápios se os mesmos não possuíssem uma têmpera forte de bons lutadores. Bezerra especialmente. Durante os meses em que o consultório permaneceu aberto, a clínica foi quase nenhuma. Sem nome feito, não seria mesmo de esperar qualquer sucesso prematuro. Não se verificava, contudo, a mesma coisa em sua casa de residência.

Estudioso como sempre o fora, os seus diagnósticos, já a esse tempo, denunciavam a notável intuição do médico na arte de curar.

Dos componentes da família, passou ele a atender aos amigos; estes, por sua vez, não lhe regateavam louvores. E o nome do jovem médico entrou a criar fama. O bairro enxameava de criaturas curadas pelo "seu doutor Bezerra".

Viu-se, em pouco, rodeado de numerosa clientela, senhor de uma clínica invejável.

Mas os colegas da época, com certeza, não lhe invejavam o sucesso. É que essa imensa clientela não rendia coisa alguma...

Ninguém pagava; tudo era gente pobre, absolutamente pobre. E Bezerra nunca falou em dinheiro a pessoa alguma.

A figura do apóstolo já começava a se esboçar, delineando os seus contornos interiores.

Foi então que um amigo, o médico militar dr. Manoel Feliciano Pereira de Carvalho, chefe do Corpo de Saúde do Exército, decidiu chamá-lo para o Hospital Central, como médico militar.

Esse dr. Feliciano exercia, já a alguns anos, a chefia da clínica cirúrgica do Hospital da Misericórdia.

Bezerra conseguiu a estima e a confiança do velho e sábio professor, nesse mesmo hospital, pois nele ingressara como praticante e interno, em 1852, isto é, quando cursava ainda o segundo ano de medicina.

Tão apto e tão diligente se mostrou o estudante que o próprio dr. Feliciano lhe confiava os seus doentes.

No ano em que Bezerra de Menezes conquistou o seu diploma, o governo imperial decretou a reforma do Corpo de Saúde do Exército e nomeou para chefiá-lo o velho mestre, como cirurgião-mor.

É fácil imaginar-se a satisfação com que este convidou o discípulo para seu assistente... E foi assim que Bezerra de Menezes passou a ser cirurgião-tenente do exército.

Isto representava para ele a estabilidade segura de um lugar remunerado que lhe iria servir para mais se aprofundar nos problemas médico-cirúrgicos, facilitando-lhe, desse modo, a tranquilidade necessária.

Sua passagem pelo Exército foi outra página refulgente da sua carreira.

Predestinado, como sempre o fora, para o exercício superior da medicina, viu Bezerra o seu campo dilatado para um ramo que lhe tinha sido, até então, impraticável: a cirurgia.

Tal foi o seu carinho e fervor, no desbravamento dessa nova especialidade, que até os seus próprios companheiros não lhe regateavam louvores, concedidos com merecido entusiasmo. A tal ponto que, logo no ano seguinte ao da sua nomeação para médico militar, Bezerra teve o prazer de ser recebido como sócio efetivo da Academia Nacional de Medicina.

Nessa ocasião apresentou à douta assembleia uma excelente "Memória", considerada, até hoje, como uma das mais conscienciosas no assunto.

Entusiasmou-se o jovem médico pelo exemplo da vida e dos trabalhos do grande Ambroise Paré, o "pai da cirurgia".

Plasmou, segundo o modelo do velho cirurgião francês, criador da litotomia, a sua verdadeira personalidade.

Começou o triunfo. Não se deixou, porém, envaidecer com tão pouca coisa. Se lhe satisfazia no íntimo o sucesso da cirurgia, continuava, contudo, a sentir a necessidade de socorrer aqueles que o procuravam.

Não esqueceu, pois, a sua enorme "clientela" caseira...

As glórias do cirurgião não foram bastante para abafar os desígnios do altruísta.

A clínica crescia, avolumava-se. Extravasava dos limites do bairro e invadia os limítrofes. Em pouco, Bezerra já atendia a clientes que vinham de longe...

E a "espécie" da clientela era sempre a mesma: pobre, paupérrima, miserável... Pela primeira vez, Bezerra de Menezes viu o seu nome alongado, com o complemento de "médico dos pobres".

Esse título, agraciado pela miséria de uma multidão, foi o mais glorioso título que ele alcançou na vida, consoante sua própria confissão.

Para uma alma filantrópica, realmente, nada de mais nobiliárquico do que isso: ser "médico dos pobres".

Já então, com a fama que lhe espalhava as ações pelos quadrantes da cidade, o consultório do centro comercial entrou a se tornar movimentado. Lá, porém, os clientes ricos pagavam. E a renda, em pouco tempo, atingiu a soma bem satisfatória. Mas esse resultado material pouco aproveitava ao jovem médico. É que ele gastava tudo o que ganhava, com os seus pobres. Remédios, auxílios pecuniários, roupas, etc., etc., tudo distribuía entre as mãos que se lhe estendiam, na solicitação de um óbolo.

A um amigo que lhe perguntou, certa vez, se gostava de música, respondeu Bezerra:

— É o maior encanto para mim, a música...

— E por que não vais à companhia lírica? A temporada tem estado brilhante!

— Não posso; os meus doentes não me dão tempo de ouvir as harmonias líricas...

— Mas assim, em pouco, estarás embrutecido...

— Nem tanto, meu amigo. Isto me traz a vantagem de ouvir as harmonias do coração, que é a música mais linda que há no mundo.

Médico apóstolo; ninguém mais justamente do que ele mereceu tal título.

Basta ouvir-lhe os conceitos, denunciadores de sua sublime missão apostólica na vida.

— Um médico — dizia ele — não tem o direito de terminar uma refeição, nem de escolher hora, nem de perguntar se é longe ou perto, quando um aflito qualquer lhe bate à porta.

"O que não acode por estar com visitas, por ter trabalhado muito e achar-se fatigado, ou por ser alta noite, mau o caminho ou o tempo, ficar longe ou no morro; o que, sobretudo, pede um carro a quem não tem com que pagar a receita, ou diz a quem lhe chora à porta que procure outro — esse não é médico, é negociante de medicina, que trabalha para recolher capital e juros dos gastos da formatura. Esse é um desgraçado, que manda para outro o anjo da caridade que lhe veio fazer uma visita e lhe trazia a única espórtula que podia saciar a sede de riqueza do seu Espírito, a única que jamais se perderá nos vaivens da vida..."

Vendo a progressão contínua de sua vida, que lhe apresentava um horizonte cada vez mais risonho, Bezerra de Menezes resolveu casar-se. E casou por amor, com dona Maria Cândida de Lacerda, no dia 6 de novembro de 1858.

Desde os primeiros tempos, o ambiente morno e acolhedor do lar conjugal deixou-o maravilhado.

Seu Espírito vivia cheio de encantamento, desfrutando uma situação verdadeiramente invejável.

Trabalhava animado e pugnaz, para o conforto da esposa, que era um exemplo lídimo de virtudes.

Jornalista brilhante, colaborando nos principais jornais da metrópole; clínico filantropo, pois era até conhecido pela alcunha de "médico dos pobres"; acatadíssimo nos meios militares, tudo isso emprestava-lhe uma posição social deveras invejável. E foi então que a política o invejou e o cobiçou...

O calendário marcava o ano de 1860. A população de São Cristóvão, onde residia e clinicava, quis que ele a representasse na Câmara Municipal.

Não tardou que um dos chefes do situacionismo carioca lhe oferecesse um lugar na chapa do Partido Liberal, para as próximas eleições do Legislativo.

Bezerra, por princípio, quis evitar a política.

Previa que o seu temperamento e o seu caráter não se iriam acomodar com a sabujice e a barrela dos politicóides do seu tempo, que eram, afinal, os políticóides de todos os tempos.

Bezerra com dona Maria Cândida de Lacerda, sua primeira esposa.

Em casa, porém, sua dedicada companheira mirava com indisfarçável orgulho o convite do partido.

Desejosa de ver a ascensão gloriosa do marido, tratou de o convencer a ingressar nas lides políticas. E Bezerra acedeu como sempre.

Em pouco, derrotado o núcleo antagônico, que era o Partido Conservador, viu-se o nosso "médico dos pobres" eleito pelos liberais de São Cristóvão.

No reconhecimento, porém, uma surpresa o aguardava: Haddock Lobo, chefe do Partido Conservador, entendeu de impugnar o diploma de Bezerra, bem como o do coronel Frias de Vasconcelos, seu companheiro de chapa, sob o pretexto de que eram ambos militares.

— Um soldado não pode ser eleito; a menos que...

Bezerra viu-se dentro de um dilema, que reclamava cuidados na sua solução: renunciar ao Exército ou à política.

De um lado, o emprego vitalício, a segurança do futuro, enfim, a garantia do lar. Do outro, a glória fácil da popularidade, a posição política invejável, embora efêmera, dispendiosa e incerta; Bezerra era prudente: resolveu contudo dar satisfação à esposa seguindo-lhe os conselhos: abandonou o Exército, renunciando ao posto militar. E lançou-se destemeroso, à luta...

Alma tenaz de batalhador sincero, afrontou tudo.

E a adversidade não o poupou. Foi alvo das piores verrinas da imprensa, a qual lhe dedicou os mais bárbaros adjetivos.

Toda a vaga imensa de injúrias e apodos veio rebentar-lhe às plantas, babujando, com a sua salsugem, o solo onde se erguia o gigante que surgia.

Mas no parlamento o triunfo era completo. Orador consciencioso e de largos recursos de retórica, "doublé" de analista sutil e honesto das questões públicas, viu-se em pouco cercado da estima e da admiração dos seus coetâneos.

A política — de ordinário tão ingrata — dava-lhe o prêmio merecido, mercê dos seus esforços tenazes.

Bezerra vencia na vida pública.

Em casa, porém, um golpe doloroso e quase irreparável, desferido pelo destino, abalou o invicto lutador, deixando-o abatido e sem ânimo.

A esposa desvelada, após uma enfermidade rápida e imprevisível, abandonava o mundo em menos de vinte dias, quando começavam a cair as primeiras folhas do outono de 1863.

Bezerra viu-se em plena viuvez, dentro do seu lar triste e desconfortado e com dois filhinhos: um de três e o outro de um de idade.

Dentro do seu supremo desalento, deixava cair do seu coração alanceado estas palavras: “As glórias mundanas, que eu havia conquistado, mais por “ela” do que por mim, tornaram-se-me aborrecidas, senão mesmo odiosas...”

A grande crise, porém, foi vencida. Passado o período de exaltação da dor, Bezerra, como que temperado nesse cadinho sinistro das grandes provações, retornou, intemerato e forte, para as lutas da política.

Bezerra, pai carinhoso, com dois de seus filhos.

5

Brilham as Primeiras Luzes

O ateísmo de Bezerra de Menezes era apenas aparente. Nada o solidificava em bases seguras.

Espiritualista por vocação, todas as vezes que sua alma sensível era posta em prova, subiam-lhe do subconsciente os eflúvios recalcados de sua religiosidade.

Isto aconteceu quando o golpe da viuvez o alanceou de forma brutal.

Buscando consolação, o "médico dos pobres" voltou-se com toda a unção para o consolo benéfico da religião. Entrou a ler a *Bíblia*.

Lia-a e meditava longamente sobre o mundo de ensinamentos que ali se contém.

Por esta época, 1869, falecia em Paris o Codificador do Espiritismo, Allan Kardec.

No Brasil, especialmente no Rio de Janeiro, o ambiente favorável à homeopatia se encontrava fortemente acentuado.

Com a devida vênia, transcrevemos uma das páginas do magnífico estudo de Canuto de Abreu, onde esse jornalista esboça o terreno sobre o qual, mais tarde, iria cair a semente do espiritismo puro.

É a seguinte:

"Desde 1818, o Brasil principiara a ouvir falar da homeopatia. O Patriarca da Independência correspondia-se com Hahnemann.

A cura homeopática envolvia, como envolve ainda hoje, certo mistério para o leigo. Nada mais estranho do que a ação rápida, segura e suave de um medicamento diluído até o absurdo.

O médico mais materialista, mais ateísta, aparecerá sempre diante do doente, com uma auréola de misticismo.

Aquilo não pode ser ciência humana; é a ideia popular.

Todavia, é interessante constatar que José Bonifácio de Andrada e Silva aparece na história da homeopatia e na história do Espiritismo, em nossa terra, como um dos primeiros experimentadores.

Mas o grupo espírita mais antigo, que se teria reunido no Rio de Janeiro, foi o de Melo Morais, homeopata e notável historiador. Isso se teria dado antes de Kardec, por volta de 1853, segundo uma tradição que o *Reformador*, de 1º de maio de 1883, registrou. Frequentavam esse grupo o Marquês de Olinda, o Visconde de Uberaba, o general Pinto e outros vultos notáveis da época."

Desnecessário se torna dizer a grande convulsão espiritual que as teorias do mestre Kardec ocasionaram em todo o mundo.

Homens de ciência, nos países mais diversos, discutiam-lhes as teorias.

Desde algum tempo, assim que os seus primeiros livros vieram a lume, trazendo luzes intensas ao pensamento universal, em toda a parte do globo, os seus ensinamentos começaram a ser meditados.

E as controvérsias surgiram... E as polêmicas apaixonadas cada vez mais se acirravam.

Com a morte súbita, porém, do velho mestre, o Espiritismo ficou sem chefe.

A imensa corte de espíritas (tantos eram já os seus adeptos) como que se encontrou de repente sem o seu sábio orientador.

Restavam, porém, à humanidade as obras de Allan Kardec. E, com elas, a grande campanha de fé e de ciência iria continuar por todos os recantos do globo como a pregação de um evangelho redentor.

Os apóstolos da nova revelação, escudados na palavra do doutrinador morto, juntaram em torno deles a massa, cada vez mais avultada, dos discípulos atentos.

E isto ocorria em todos os países, como uma demonstração universal de uma nascente união espiritualista.

Correspondendo a esse movimento geral de criação de centros e agremiações, aqui, no Rio de Janeiro, também adeptos da nova doutrina resolveram constituir-se em núcleos associativos. E fundaram, então, o Grupo Confúcius.

Tal denominação não veio trazer, como muita gente chegou a supor, homenagens à memória do grande pregador chinês.

Confúcius era um esclarecido Espírito que aparecia constantemente aos médiuns, durante trabalhos particulares, realizados na residência do dr. Sequeira Dias.

Em todas as reuniões, levadas a efeito naquele recinto, lá estava a manifestação inequívoca de Confúcius, o qual vinha, desde algum tempo, ensinando princípios de moral e esclarecendo passagens evangélicas.

Quando se constituiu o primeiro centro, dando ao grupo o caráter de entidade jurídica, justo era que o dr. Sequeira Dias emprestasse ao mesmo o nome patrocinador do benemérito iniciado.

Na organização dessa primeira sociedade, no Rio de Janeiro, ingressaram, logo, pessoas de notável relevância nas atividades científicas da Capital.

Elementos homeopáticos dos mais brilhantes entraram, incontinente, a colaborar com ardor na seara espírita que já se anunciava de forma tão promissora.

Foi assim que lá se inscreveram os nomes conhecidos de Silva Neto, Joaquim Travassos, Bittencourt Sampaio e muitos outros facultativos de larga projeção no Rio de Janeiro.

A divisa do Grupo Confúcius foi desde logo proclamada: “Fora da caridade não pode haver salvação”.

Com tal lema, paradigma inconfundível da verdadeira filantropia, tudo seria de esperar do novo Centro.

Uma das formas de caridade, desde logo assentada, foi o tratamento pela homeopatia.

E a pobreza começou então a receber o benefício inestimável da cura hahnemanniana, ministrada pela ciência pura dos médicos mais evidentes na especialidade.

Infelizmente, não foi longa a duração do Grupo Confúcius.

Ao cabo de três anos ele se dissolvia. À sua organização deve, contudo, o Espiritismo no Brasil, uma soma apreciável de relevantes serviços.

Além da assistência homeopática, inteiramente gratuita, serviu o grupo para revelar ao Brasil o nome do guia do verdadeiro Espiritismo, bem como, o que foi mais importante, traduzir para o português as obras básicas de Allan Kardec.

Do Grupo Confúcius fazia parte o conhecido espírita dr. Travassos. Assim que foram publicadas, em tradução portuguesa, as obras de Rivail, Travassos apressou-se em levar um exemplar de *O Livro dos Espíritos* ao conhecido deputado Bezerra de Menezes.

Encontrou-o na cidade, em uma tarde em que o "médico dos pobres" se encaminhava para tomar o bonde, de retorno ao lar.

Bezerra morava na Tijuca. Logo que se instalou no banco, sem distração alguma que lhe amenizasse o longo trajeto até à casa, abriu displicentemente o volume e correu os olhos por algumas páginas.

Interessando-se desde logo, monologou: "Ora adeus! Não irei com certeza para o inferno, só por ler isto!..." E atirou-se vivamente à leitura.

À medida que avançava pelo texto afora, uma perplexidade intensa o invadia.

Ouçamo-lo com as suas próprias palavras: — "Lia. Mas não encontrava nada que fosse novo para o meu Espírito. Entretanto tudo aquilo era novo para mim!... Eu já tinha lido ou ouvido tudo o que se achava em *O Livro dos Espíritos*... Preocupei-me seriamente com este fato maravilhoso e a mim mesmo dizia: parece que eu era espírita inconsciente, ou, como se diz vulgarmente, de nascença..."

Tal fato, como vimos, impressionou vivamente o Espírito Bezerra de Menezes.

Mais tarde, porém, conseguiu compreender a causa desse fenômeno. É que ele era um espírita inconsciente, já naquele tempo...

❖

Em vinte e um de janeiro de 1865, Bezerra, que fora reeleito para o cargo de vereador em 1864, casa-se, em segundas núpcias, com dona Cândida Augusta de Lacerda Machado, irmã materna de sua primeira mulher e de quem teve sete filhos.

Sua companheira, desta vez, foi aquela que o deveria acompanhar até que ele cerrasse os olhos, seguindo-o e amparando-o com um desvelo e um carinho verdadeiramente extraordinários.

Bezerra multiplicava então a sua atividade, desdobrando-se para atender a serviços consideráveis.

Na política, vira o seu nome aclamado na Câmara, para onde fora eleito deputado geral em 1867. Sustentou aí tremendas lutas, combatendo, especialmente, o famoso ministério Zacarias.

Era um tempo tumultuoso na política do país. As coisas chegaram a tal ponto que o Governo Imperial decidiu dissolver a própria Câmara, no ano seguinte. Isto significava a vitória do Partido Conservador e a queda do Partido Liberal.

Tal como seu pai, outrora, na província do Ceará, ele também, como liberal, sofreu a perseguição dos contrários. E o domínio dos seus antagonistas se estendeu por um decênio longo.

Nesse período, várias eram as empresas que reclamavam a orientação criteriosa e justa de Bezerra de Menezes.

Basta dizer que, além da ação política, de forma quase absorvente, exercia ele o cargo de presidente da "Companhia Carris Urbanos" e da "Estrada de Ferro Macaé-Campos", da qual era fundador.

Com todas essas preocupações, não deixou todavia de prosseguir nas lutas partidárias, não obstante a Câmara se encontrar de portas fechadas. Sua palavra, nos comícios, e sua pena, na imprensa, não tiveram repouso nesses dez anos. Escrevia continuamente em *A Reforma*, órgão liberal da Corte.

Voltando à campanha eleitoral, pois a Câmara fora reconstituída, viu-se novamente eleito deputado, em 1878, mandato que exerceu por dois anos, pois que em 1880 era designado para presidente da Câmara Municipal e líder do seu partido.

Nesta escala ascensional no tablado da política, Bezerra poderia ainda ter ocupado lugares de maior destaque, alargando o seu horizonte de ambições e de conquista.

Mas é que ele não possuía, positivamente, o estofo ou a estrutura do homem político; sua espinha, sempre ereta, não se acostumava às curvaturas com que a sabujice política produz em seus filhos, caracteres de plasticidade duvidosa...

São dele as seguintes palavras, insertas no livro *Casamento e Mortalha*, de Júlio César Leal:

"A imprensa, já em declínio para o vergonhoso estado de hoje, vasa imunda onde se deposita o lixo de todas as paixões ignóbeis; sentina onde a ralé tem certeza de encontrar os mercenários instrumentos para satisfazer os seus mais depravados instintos, mas também o sexto sentido dos povos, como disse Sycies; o fio dourado da transmissão do pensamento, que já foi uma luz em nossa terra, quando dirigida pelos homens mais respeitáveis da sociedade, era dirigida agora pela escória social e acolhia e fazia sua a causa torpe dos especuladores, que o presidente da Câmara tinha por dever enxotar do templo."

Bezerra sempre se mostrou inamoldável às falsas conjurações do regime, principalmente na ocasião em que ele mergulhava o Espírito nos doutos ensinamentos da Terceira Revelação.

O Espiritismo, como seita[1] e como ciência, continuava a angariar adeptos, trazendo para o seu seio pessoas de reconhecida relevância social.

Com o desenvolvimento da doutrina, todavia, várias dissensões repontaram entre os seus asseclas...

Esboçavam-se os primórdios da longa cisão, que amargos frutos haveria de trazer ao seio da família espírita, no Brasil.

É que os dois partidos, o dos **científicos** e o dos **místicos**, principiavam a traçar as fronteiras destinadas a limitar, mais tarde, as atividades de cada um.

Os primeiros não aceitavam senão os fenômenos espíritas, em sua intrínseca relação com as leis científicas da física e da metapsíquica; os demais, que aceitavam a doutrina de Jesus, através da revelação de Kardec[2] intitulavam-se, os "kardecistas".

---

[1] Na realidade, Espiritismo é religião, pois veio reviver a pureza do Cristianismo Primitivo. (Nota da Editora)

[2] Mais apropriado dizer-se "através da codificação elaborada por Kardec". (Nota da Editora)

6

A Força Reside na União

Todos os que pautavam suas convicções pelo Evangelho de Kardec[3], esforçavam-se, continuamente, no sentido da organização de núcleos.

Foi, destarte, que nasceu, em 1876, a primeira sociedade kardecista no Rio de Janeiro, subordinada à denominação de "Sociedade de Estudos Espíritas, Deus, Cristo e Caridade".

Um dos seus fundadores e primeiro chefe de grupo foi Bittencourt Sampaio, pugnador incansável do kardecismo, entre nós.

Sampaio era médium receitista, isto é, receitava homeopatia sob inspiração.

O Espiritismo sempre se mostrou como uma espécie de tabu impenetrável para a massa que teima em não lhe conhecer a teoria e os dogmas[4]. Desde porém que qualquer pessoa (culta ou rude, não importa!) se encontre, por circunstâncias mesmo independentes de sua vontade, frente a frente com os problemas espíritas, logo a doutrina se lhe revela, clara e insofismável, com o seu acervo de conforto moral e caráter altamente caritativo.

Não há, talvez, um único espírita que não pasme de se haver conservado tanto tempo na ignorância da doutrina, mesmo ainda quando o Espiritismo

---

[3] *O Evangelho segundo o Espiritismo*. (Nota da Editora)

[4] O Espiritismo tem postulados, não dogmas. (Nota da Editora)

lhe aparecia como o tabu de que falamos, cercado pelo anátema ou pela excomunhão dos padres...

Não admira, portanto, a dificuldade, mais ou menos séria, que se antepunha à aquisição de elementos novos aos núcleos da época.

Hoje em dia, felizmente, isto não se verifica; a disseminação do Espiritismo, cada vez mais profunda no seio das massas, faz com que o número de adeptos se torne sempre mais avultado.

Estávamos, porém, em 1876. A doutrina fazia sectários com alguma dificuldade.

Poderíamos citar casos inúmeros de adesões, entre pessoas ilustres da época; tais citações seriam, porém, fastidiosas.

Dentre elas, vale-nos, contudo, anotar a do advogado Antonio Luiz Sayão, acatado causídico de então.

Desesperado pela enfermidade tenaz que corroia o organismo combalido de sua esposa, Sayão, vendo-a moribunda e desenganada por vários médicos, resolveu aceitar os conselhos de um amigo que, insistentemente, tentava induzi-lo a recorrer ao Espiritismo.

Fez o que toda a gente faz em tais ocasiões. Pediu uma receita aos Espíritos e... esperou o "milagre".

O milagre se verificou; a homeopatia indicada entrou a operar proficientemente e, após longa e porfiada luta, a paciente sentiu-se revigorada e completamente curada.

Conquistou assim o kardecismo um dos seus valores mais notáveis, pois Sayão se tornou um verdadeiro difundidor da doutrina, à qual ele emprestava o brilho da sua cultura.

Outro caso, nas mesmas condições do precedente, foi o de Augusto Elias da Silva, cujo ardor, na propaganda do Espiritismo, após o seu alistamento nas hostes kardecistas, foi de tal ordem que o levou até a fundar o *Reformador*, órgão eminentemente espírita.

A esse tempo, Elias da Silva era ainda um neófito e quase desconhecido.

De grande capacidade para a luta, pugnaz e perseverante, viu, contudo, os seus primeiros esforços coroados de êxito promissor.

Editado o primeiro número do *Reformador*, entrou ele a procurar colaboração. O momento era de plena agitação doutrinária e o ambiente pesado de adversidade.

Na imprensa diária do país, conservadores avessos à aceitação dos novos postulados lançavam contra os mesmos extensas catilinárias, eivadas de apodos soezes. Do alto dos púlpitos, chovia sobre a massa dos fiéis prosternados a torpeza dos insultos e a viscosidade das insinuações, derramadas nos sermões dos sacerdotes.

Elias da Silva, na ânsia incontida de revidar tais ataques, foi bater à porta de Bezerra de Menezes.

O "médico dos pobres", cuja alma já se encontrava impregnada pela sabedoria calma do mestre, recebeu o ardoroso jornalista e, sem desvarios partidários, sem entusiasmos facciosos, aconselhou-o com prudência, mas, também, sem vacilações.

O seu Espírito esclarecido, de largo horizonte mental, abarcou, logo em conjunto, o panorama das lutas que se travavam no momento.

E a sua palavra, plena de sabedoria, escudada na rigidez de princípios que a caracterizava, lançou a diretriz que o *Reformador* deveria seguir, na campanha apenas iniciada.

— Política discreta, sem o nivelamento dos processos de ataque, mas firme em suas afirmativas. Não combater o ódio com as armas do ódio; combater, de preferência, o ódio com amor...

Eram assim os sentimentos de Bezerra de Menezes.

❖

Isto se passava em 1883. Um ano após, diante da perspectiva de anarquia que já se esboçava nos arraiais do Espiritismo, sentiram aqueles que dirigiam os núcleos no Rio a necessidade de uma união mais forte e que, por isso mesmo, se tornasse mais indestrutível.

Os centros, onde se ministrava a doutrina, trabalhavam autonomamente. Cada um deles exercia a sua atividade em um determinado setor, sem conhecimento quase (ou mesmo, no desconhecimento completo) das ações dos demais centros.

Isto poderia trazer, sem dúvida, o espírito de anarquia, consequente lógica da independência absoluta de cada grupo.

Foi temendo coisas assim desastrosas que os dirigentes da doutrina espírita, entre nós, entraram a pensar em uma solução rápida para o problema.

Urgia, com efeito, um sistema de disciplina e de ordem entre os centros do Espiritismo. Não uma disciplina férrea, draconiana, semelhante à da Igreja, muito embora soubessem todos (e o sabem, ainda hoje) que a instituição do comando supremo na cúria romana representou sempre o fator decisivo para o robustecimento secular da ação católica.

Mas o empirismo dos dogmas foi coisa que sempre repugnou o livre-arbítrio dos espíritas.

Restava, portanto, um único recurso: o de congregar os elementos dispersos, em torno de um centro único, realizando, destarte, o cediço, mas consagrado ideal da união que faz a força...

Nasceu assim a ideia de se erguer uma bandeira, à cuja sombra se acolhe toda a família disseminada e sem o rumo preciso que a pudesse levar à conquista dos seus direitos.

De tais resoluções surgiu a fundação de uma nova entidade: a "Federação Espírita Brasileira".

Seu papel seria o de federar todos os grupos, em uma espécie de sindicalização espiritual, para que todos pudessem fazer ouvir os seus anseios, através de um único porta-voz.

Foram seus instituidores as figuras de maior projeção na doutrina e que o eram também na sociedade e na política.

Dado o relevo da mentalidade culta de Bezerra de Menezes, a ninguém poderá causar estranheza o fato de ter sido ele um dos primeiros convidados para a direção da novel sociedade.

Bezerra, porém, sobre ser avesso a toda a espécie de proeminências, reconhecida, como sempre o fora, a sua incontestável modéstia, não se julgava ainda suficientemente investido do preparo indispensável para liderar qualquer movimento de ordem doutrinária, na Capital.

Seu Espírito procurava vasculhar, com a curiosidade peculiar aos homens de ciência, os arcanos da revelação de Kardec.

Firmemente honesto para consigo mesmo, fiel às suas convicções, rejeitou os cargos que lhe ofereciam. Foi mais longe ainda; não consentiu mesmo que o seu nome figurasse entre os fundadores da Federação.

❖

A nova sociedade preencheu, desde o seu início, a finalidade a que se propusera.

Apenas iniciados os trabalhos, logo os benefícios deles resultantes, não tardaram a produzir efeito.

Os centros federados (como ainda hoje se acham) sentiram um sangue novo circular em seus organismos ameaçados de enfraquecimento, em virtude da dissociação.

Novos nomes ilustres vieram engrossar as fileiras espíritas, emprestando-lhes o prestígio de sua projeção na sociedade brasileira.

7

Convicto, Espalharei por Toda a Parte

A Federação trabalhou, sem descanso, nos seus primeiros meses.

Após o congraçamento de quase todos os núcleos dissociados do Espiritismo, sentiu a sua diretoria a necessidade e o alcance de um programa publicitário. Fazia-se mister a maior divulgação possível da doutrina kardecista.

O jornal por si só não bastava. É sabido ser a palavra um dos elementos que mais seguramente agem sobre a consciência das massas.

Nada como o verbo, para ensinar e convencer. Foi com a palavra, lançada destemerosamente nas praças públicas e nos parlamentos, que se prepararam as pequenas e as grandes revoluções dos homens.

Foi a palavra ardente e impetuosa de Danton, Marat, Desmoulins e outros que impeliu a multidão amotinada para a Tomada da Bastilha.

Foi a palavra cheia de fé de Patrocínio, Nabuco, Rui e Castro Alves que provocou o ato de redenção de uma raça escravizada.

É que a palavra convence, capacita, inflama, explode e conquista o impossível...

O verbo retórico dos padres é a coluna mestra do catolicismo. A estabilização da Igreja reside, principalmente, na palavra sacramental, pregada do alto dos púlpitos.

Foi, pois, na convincente eficácia da palavra que os diretores da Federação vislumbraram a verdadeira difusão dos postulados espíritas. O muito que conseguiram, dentro dessa orientação, basta para comprovar-lhe a eficiência.

O presidente Quadros, assim que a entidade completou um ano, resolveu inaugurar um série de conferências públicas. Tais palestras provocaram, como era de esperar, uma movimentação favorável ao elemento espírita.

É que elas tiveram a vantagem de chamar a atenção de grandes figuras sociais e de mentalidades de escol.

Começou, desde logo, a Federação a contar com o prestigioso concurso de tais elementos. Choveram as adesões e as atitudes de franca simpatia.

Dentre elas, cumpre assinalar a do dr. Francisco de Menezes Dias da Cruz, o grande homeopata, um dos maiores que o Brasil tem produzido, e a do dr. Castro Lopes, também médico da homeopatia.

Este último era, além do mais, orador fluente, de largos recursos de eloquência e escritor festejado e apreciável.

Tais faculdades asseguraram-lhe, desde logo, um lugar de grande proeminência, nas lutas de propaganda doutrinária.

Castro Lopes enfrentou várias vezes o público do Rio; o público não se fartava de ouvir o grande humanista. Suas conferências eram concorridíssimas.

O próprio Imperador Pedro II decidiu-se ouvi-lo, certa vez em que ele pronunciava uma notável palestra científica, no Instituto Politécnico, perante numeroso e distinto auditório. E as adesões continuavam a chover...

Outros oradores estudavam, também, o problema espírita, em palestras amiudadas e frequentes. Castro Lopes era, porém o ídolo daqueles que procuravam acompanhar a palavra doutrinária.

Nenhum dos conferencistas, no entanto, conseguiu a retumbância e a projeção alcançada por Bezerra de Menezes.

Sua palavra, assim que começou a vibrar em prol da doutrina, repercutiu de maneira estranha no coração dos espíritas...

Foi, pois, um memorável acontecimento o que se verificou no dia 16 de agosto de 1886.

"Um auditório de cerca de duas mil pessoas, da melhor sociedade, enchia a sala de honra da Guarda Velha para ouvir, em silêncio emocionado e atônito, a palavra de ouro do eminente político, do eminente médico, do eminente cidadão, do eminente católico, dr. Adolfo Bezerra de Menezes, o qual proclamava, aos quatro ventos, a sua adesão ao Espiritismo!...”

Ninguém pode descrever o abalo extraordinário que tal acontecimento provocou na sociedade brasileira.

Todos, hebetados e surpresos, pasmavam para a atitude serena que o “médico dos pobres” acabava de assumir inesperadamente.

Ninguém sabia mesmo a que fato estranho se deveria atribuir a conversão completa do cientista.

Todos procuravam indagar dos motivos que o haviam impelido a praticar um gesto de tamanha independência moral, diante do complexo de preconceitos que sempre o rodeou e dentro do qual ele havia sido educado.

No entanto, a rápida conversão de Bezerra de Menezes fora motivada por casos de edificante simplicidade.

Muitos amigos e colegas falavam-lhe frequentemente a respeito da mediunidade invulgar de um conhecido homeopata espírita, de nome João Gonçalves do Nascimento.

Não eram raras, diziam a Bezerra, as curas operadas pelo louvado médium, cujas faculdades excepcionais todos estavam de acordo em proclamar.

Seus diagnósticos, precisos e bem inspirados, convenciam a massa dos incrédulos que, bem depressa, se tornavam adeptos do novo credo.

João Gonçalves do Nascimento conquistou, assim, centenas e centenas de novos prosélitos para a bandeira do verdadeiro cristianismo.

Bezerra de Menezes, se não foi um deles, ficou a dever, contudo, ao grande médium, uma parcela considerável da sua convicção. De fato, embora já viesse ele, há tempos, estudando atentamente as questões relativas ao Espiritismo, não possuía ainda a persuasão completa, única que pode levar ao conhecimento perfeito de qualquer doutrina.

Tanto falaram, porém, aos ouvidos de Bezerra, dos prodígios de João do Nascimento, que ele decidiu, por fim, “tirar a limpo a questão...”

E, sem mais delongas, enviou também ao médium o seu pedido de receita, em um pedacinho de papel, onde escrevera os dados indispensáveis: “Adolfo, tantos anos, residente na Tijuca”.

Mandou e ficou aguardando. O resultado não se fez esperar. Veio logo a resposta.

Nela estava o diagnóstico perfeito, completo iniludível da terrível dispepsia que tanto o atormentava!...

Tal fato calou intensamente no íntimo do médico, que principiou, desde então, a aprofundar-se mais ainda, na momentosa questão espírita.

Tal questão invadia o mundo sábio, abalando velhas crenças e trazendo novas luzes ao Espírito dos estudiosos.

8

Da Tribuna ao Jornalismo

Bastou-lhe a primeira prova. Certo de que não a ditara qualquer espécie de mistificação, Bezerra aceitou, desde logo, a imposição da discutida doutrina. E enveredou, seguro, pelo novo rumo que lhe traçara a nova ordem de convicções.

Após a sua própria consulta, pediu, também, a assistência dos Espíritos para alguns obsedados. E entrou a observá-los, com carinho e atenção.

A loucura foi, aliás, uma das especialidades patológicas que mais mereceram, posteriormente, o fervor dos seus estudos.

Aí estão algumas de suas obras, onde se evidencia o desvelo do grande clínico pelas enfermidades mentais.

Acompanhando as influências dos Espíritos sobre o estado de franca obsessão dos seus pacientes, pôde Bezerra constatar o acervo considerável de benefícios que a humanidade poderia usufruir de tais conhecimentos.

E o mesmo desejo do bem que o levara a solicitar a ajuda do mundo espiritual para aqueles infelizes, induziu-o, também, a lutar em auxílio de todos os seus irmãos sofredores.

Data desse momento a sua adesão franca como voluntário às hostes espíritas. Decidiu combater; e desceu à liça, escudado em sua fé.

Ninguém jamais se predispôs à luta com mais convicção nem mais ânimo do que o nosso renomado clínico.

Impelia-o para a linha de frente o seu ardoroso pendor para as refregas mentais, tendo como estandarte a crença na cristandade, crença que nunca o abandonara inteiramente. Porque Bezerra de Menezes sempre fora um religioso, no mais alto sentido da expressão.

O ateísmo, forma de elegância intelectual, usada por alguns "sábios" esnobes, não lograra ingressar em seu Espírito nem varrer do seu coração os sentimentos inspirados por Deus.

Mesmo após a fase estudantil em que ele se deixou enlear pelas ideias dominantes na mocidade da época, nunca os argumentos sofísticos e literários conseguiram expurgar do seu cérebro a velha crença aprendida no berço.

Nesse tempo, sem dúvida, muito ele vacilou. Seu Espírito, ávido de verdade, vasculhou o que melhor lhe poderia ter esclarecido as dúvidas que o seu cérebro gerava.

Leu, leu muito. Estudou longa e porfiadamente. Ao cabo de algum tempo, chegou à conclusão a que chegam todos aqueles que inquirem sobre o assunto: reconheceu a inutilidade e a falsidade dos postulados aprendidos inconscientemente.

Sacudiu então dos ombros a carga pesada de uma religião que não correspondia, positivamente, às suas aspirações espirituais.

Despiu Deus das roupagens inúteis com que o cobriam. Ouros, brocados, ouropeis suntuários e toda a esquisita opulência dos atavios espetaculares com que lhe revestiam a pureza da sua essência e a singeleza dos seus princípios, foram relegados como coisas inexpressivas e vãs, cujo destino era embair os Espíritos desarmados, na exploração da ignorância das massas.

O sentimento de Bezerra fez o expurgo dessas superficialidades e conservou, imutável e serena, intangível e indestrutível, a imagem espiritual do Mestre Jesus, tal como iria fazer, mais tarde, o poeta da "Velhice do Padre-Eterno".

Deus ficou sendo, portanto, a ideia dominante do Espírito Bezerra. A doutrina do filho de Deus feito homem, encantava-o de maneira estranha.

O verbo do redentor penetrava-o como se fora a própria luz divina. E Bezerra, em seus ermos silêncios interiores, revolvia as palavras do Mestre, na delícia de quem encontra um campo propício para a expansão dos próprios sentimentos.

É que o seu Espírito bondoso tinha afinidades intraduzíveis com o Espírito daquele que ensinou aos homens a religião do perdão supremo...

O Evangelho trazia-lhe momentos de tranquilidade espiritual, pela doçura dos seus postulados.

Não possuía, propriamente, a fé, este sentimento universal que tudo sublima e diviniza, tudo! Esta só o penetrou e o absorveu definitivamente quando Bezerra estudou a interpretação espírita dos textos da Escritura.

Allan Kardec foi o revelador desse mundo incomparável de compreensão e de verdade para onde o Espírito do médico alçou o vu...

Certo da beleza moral, profunda e austera que o cercava, Bezerra de Menezes alistou-se, sem vacilações, na vanguarda dos lutadores kardecistas.

E ninguém mais o suplantou no denodo com que lutou.

❖

Muito aproveitou o Espiritismo no Brasil com tão valiosa adesão. É que ele desenvolveu a sua atividade em quase todos os setores da campanha.

A princípio, a Comissão de Propaganda da União Espírita do Brasil o investiu de uma incumbência, das de maior projeção: terçar armas na liça ingrata da imprensa.

Desde logo resolveu o grande médico escrever uma série de artigos em *O País*.

Este órgão, que era, àquele tempo, um dos mais acatados da capital da República, publicava-se sob a direção conspícua de Quintino Bocaiúva.

Jornalista brilhante, senhor de uma cultura sólida e de uma inteligência ímpar, Quintino conseguiu tornar o *O País*, durante o tempo de sua direção, o jornal mais lido no Brasil.

Bezerra, assim que ingressou no corpo de colaboradores do grande diário, cativou logo a simpatia do cintilante jornalista que o dirigia.

A série de artigos que o "médico dos pobres" iniciou em *O País* estava subordinada ao título de "Espiritismo — Estudos Filosóficos".

Apareciam os ensaios, aos domingos, com o pseudônimo de Max.[5]

Quintino Bocaiúva, à força de os ler, sentiu a atração dos conceitos sublimes que os mesmos encerravam. E de simpatizante que era da doutrina espírita, tornou-se, em pouco tempo, seu ardoroso adepto.

Sincero nas suas convicções (como em tudo aquilo a que se dedicava) o eminente jornalista foi, mais tarde, um dos mais proeminentes espíritas do Brasil.

Tal proeminência, contudo, não lhe obscureceu nunca a humildade dos gestos nem a singeleza do seu coração.

E tanto assim que, tempos após, quando já ocupava cargos públicos de projeção, era visto, não raras vezes, subindo as escadas da Federação, onde ia tomar passes e pedir receitas mediúnicas.

Nunca se prevaleceu da notoriedade de sua vida pública. Fazia mesmo questão fechada de não preterir os demais consulentes, por mais humildes que fossem.

Obediente ao espírito de disciplina, apanhava a sua chapa numerada e se deixava ficar na ante-sala, sentado entre pessoas de todas as condições sociais, esperando pacientemente a vez de ser chamado.

Claro que um homem destes devia ser necessariamente simpático ao Espírito lhano, acolhedor e simples de Bezerra de Menezes, o "médico dos pobres", e pobre, paupérrimo, ele também.

---

[5] Os artigos foram publicados em três volumes do livro *Espiritismo, Estudos Filosóficos* (Nota da Editora).

9

Variações em Torno da Propaganda

Decidido a combater pela doutrina que ele julgava pura, através do jornalismo, grande foi a sua atividade neste setor.

As colunas de *O País* tornaram-se, desde então, a liça nobre, onde a pena brilhante de Bezerra de Menezes exibiu as primícias dos seus princípios elevados, revestidos do cavalheirismo da mais apurada linguagem.

Nesta série de crônicas, o articulista desenvolveu, para si mesmo, os seus conhecimentos doutrinários, ao passo que os transmitia aos seus leitores.

Durante cinco anos, sem tréguas e sem desfalecimentos, o notável espiritista não deixou de comparecer, todos os domingos, com os seus artigos, que tanta luz vieram lançar ao Espírito daqueles que lhe acompanhavam os conceitos justíssimos.

Esse período ficou, indiscutivelmente marcado, como a época de ouro na propaganda do Espiritismo, no Brasil.

Lustro memorável e brilhante, ele constitui, de fato, a sublimação da publicidade de uma doutrina em um tempo em que era notória a hostilidade do meio. Pelo menos indiferente.

Valia a pena enfeixar aquelas crônicas em livro, a fim de que os adeptos do Espiritismo pudessem sorver, nos dias que correm, a linfa pura dos seus conceitos e das suas apreciações de incontestável superioridade.

É uma coletânea de artigos que representa o maior repositório doutrinário do kardecismo no Brasil.

Chamamos, contudo, para eles a atenção dos estudiosos do Espiritismo. É fácil procurá-los nas coleções de *O País* daquele tempo.

Os famosos pensamentos aí exarados bem mereciam ser repetidos e propalados amiúde, pois só mesmo relendo e divulgando o que escreveu Bezerra de Menezes poderão os seus discípulos compreender tudo o que de confuso, de nebuloso e de errôneo se tem divulgado depois dele, em nome de uma doutrina cujo principal defeito é justamente o de ser mal compreendida.

Bezerra elevou-a à culminância do seu talento clarividente e justo. Lendo-o, ficamos a pensar forçosamente, em coisas amargas.

Vêm-nos à mente as deficiências da propaganda espírita, não só aqui, como em outros países.

Toda a gente sabe que o melhor meio de divulgar uma doutrina — seja ela religiosa, social ou científica — é o de torná-la facilmente acessível à mentalidade das massas.

Ora, como antes de "compreender", o povo precisa "sentir" a essência e a pureza dos seus postulados, cumpre portanto que os doutrinadores saibam falar aos seus discípulos.

Allan Kardec codificou em obras-mestras o sentimento oculto que sempre dominou e dirigiu o espírito dos povos, desde os remotos tempos da antiguidade oriental.

Codificou-os, é verdade. Mas em linguagem científica, cujo alcance está acima da mentalidade da comunidade.

Suas elucubrações de sábio não lhe deram tempo de pensar na pregação entre os humildes. Cumpria aos apóstolos dos seus ideais tomarem a si a tarefa. Infelizmente não foi o que ocorreu.

Milhares de obras têm sido escritas em todos os recantos do globo, em torno dos pensamentos do Mestre.

Centenas de volumes têm aparecido e dentro deles se expande e se dilui a controvérsia de ideias e conceitos os mais díspares.

Tudo isso, no entanto, está revestido do preciosismo da linguagem científica. A maioria chega até ao verdadeiro gongorismo.

Ora, como poderá a massa absorver os fundamentos de uma doutrina desde que a exposição da mesma esteja acima do seu nível cultural? Impossível.

Jesus Cristo pregou há dois mil anos. Pregava para os humildes. Não houve quem não lhe entendesse as parábolas.

É que elas vinham diretas ao sentimento.

Ditadas em linguagem simples e enternecedora, endereçavam-se ao coração e não ao cérebro.

Até hoje, todos sentem o encantamento e a beleza moral dos ditames do Mestre, desde o mais erudito ao mais rude dos homens.

É que elas vinham diretas ao sentimento. Abordavam as coisas mais profundas, em palavras simples e tocantes.

A força de expansão da igreja católica alicerçou-se, também, na difusão do catecismo. As ordens religiosas, jesuítas ou não, fundaram escolas industriadas para a missão de ensinar a doutrina de Roma. O conhecimento da mesma foi difundido através de catecismos, tornados claros pela linguagem, o que lhes facilitava a compreensão.

Forçoso é reconhecer que a expansão do kardecismo tem sido um tanto prejudicada pela falta de doutrinadores e de pregadores capazes de ensinar com humildade e sabedoria o A BC de Allan Kardec.

Os que conhecem bem a doutrina falam ou escrevem em linguagem superior. A massa não os alcança.

Sente-se — em um paralelo tristíssimo — a falta de um colégio de "pregadores" devidamente instruídos no mister de falar ao sentimento ou ao cérebro acanhado das criaturas de mentalidade elementar.

Se eles existissem, o Espiritismo poderia ter a adesão de numerosos grupos que, à falta de melhor ensinamento, misturaram-se desorientadamente nas hostes do baixo misticismo.

Bezerra de Menezes tentou realizar, em parte, este desideratum. Seu esforço, porém, resultou nulo, por falta de continuidade.

Não desmerece, por isso, a sua ação afanosa e brilhante, durante esses cinco anos de luta jornalística.

Junta-se a ela o abatimento profundo em que jazera o médico, logo no início da campanha: dois filhos seus haviam falecido, em 1888.

Alanceado e triste, dentro do seu indefinível desalento, seu Espírito reagiu. E, como um cartel de desafio à dor, recrudesceu a campanha a que se dedicara.

Publicou, nesse mesmo ano, um romance intitulado *A Casa Mal-Assombrada*, cujo êxito lhe assegurou, desde logo, a projeção de um verdadeiro beletrista, caso se tivesse dedicado inteiramente às letras.

10

A Voz do Mestre

Vamos deixar agora o nosso médico, entregue à dor que o colheu brutalmente em consequência da perda dos dois filhos.

Antes de retomar o fio da sua existência, abramos um parêntese e, dentro dele, tracemos um panorama do ambiente do Espiritismo, no Brasil. Dentro do "clima moral" da época, melhor situaremos o homem.

Lutas, dissensões, represálias, perseguições, um mundo enfim de atividades nocivas, eis o que caracterizou o movimento dos propagadores, no crepúsculo de um século e no dealbar de outro.

Não raro, o próprio Bezerra deixava transparecer o seu desalento por aquele emaranhado confuso de opiniões e de crenças.

Faltava a única coisa que deveria existir entre os vários núcleos: o espírito de união e de disciplina, único capaz de conduzir a um vitória fácil.

Como sói acontecer em todas as campanhas, estava ainda por surgir o indivíduo que tomasse as rédeas dos grupos dissidentes, unificando-os, dentro dos mesmos propósitos e das mesmas intenções.

As várias células dissociadas e com absoluta independência de ação, multipartiam a doutrina, dando-lhe características diversas.

Era o caos, a confusão, a incompreensão.

Os núcleos de reunião pontilhavam a cidade, desde o centro até os mais afastados recantos dos subúrbios.

Em cada mesa de presidência, pontificava um diretor, quase sempre ignorante e xucro. Campeava a incompreensão ou, paradoxalmente, a "compreensão" demasiada.

Cada "chefe" entendia de torcer a seu modo os fundamentos da doutrina. E os postulados de Kardec diluíam-se, inexplicavelmente, criando aspectos imprevistos e resvalando, muitas vezes, para o Espiritismo mais baixo e mais degradante.

Ignorantes, estultos e prepotentes, os dirigentes semeavam, na inconsciência das massas, o vírus nocivo do fanatismo mais torpe que já existiu no campo doutrinário.

Voltamos aqui, sem querer, às nossas observações de algumas páginas atrás. O Espiritismo ressentia-se, mais do que em qualquer outra época, de uma elite de pregadores, conscienciosos e honestos, superiormente instruídos e capazes de exemplificar aos grupos de adeptos e simpatizantes as verdadeiras diretrizes da Terceira Revelação.

As únicas associações que mantinham ainda, de qualquer modo, a hegemonia de mando eram quatro: a "Acadêmica", a "Fraternidade", a "União Espírita do Brasil" e a "Federação Espírita Brasileira".

As duas últimas lideravam o movimento, cujo controle as outras já haviam perdido de forma quase integral.

Infelizmente, precaríssima eram as suas condições materiais. A ausência de recursos pecuniários era, dia após dia, mais notória.

Prementes necessidades obrigavam os seus associados a sacrifícios constantes e inúteis. Até mesmo para cumprir com o aluguel das respectivas sedes, "corria o pires" da coleta.

Desmoralizavam-se. Resvalavam para o marasmo das "organizações desorganizadas".

Surgiu, então, a ideia em alguns abnegados, de fundar uma entidade superior que abrangesse todos os grupos dispersos e dissociados. Uma das existentes tomaria as rédeas do movimento geral.

A ideia seria, realmente, salvadora. Qual delas, no entanto, deveria capitanear as demais? "Ecco il problema..."

Na situação de penúria em que se encontravam, a nenhuma caberia, dignamente, esse papel. Poderia sempre parecer que uma mola oculta, de interesse material, iria pesar no critério da escolha.

Que fazer então? Não tardou a surgir a solução: uma nova sociedade. Inteiramente nova, sem liames que a prendessem a qualquer das existentes. E, por um momento, todos julgavam que o problema estivesse resolvido.

Foi então que um fato relevante e sensacional veio mudar o rumo dos acontecimentos, trazendo alguma luz à confusão babélica que reinava nos arraiais espíritas.

Tal fato, inesperado e estranho na sua singularidade, foi a famosa comunicação de Allan Kardec, conhecida e publicada sob o título de "Instruções de Allan Kardec aos Espíritas do Brasil".

O mestre codificador, sentindo, naturalmente, o mistifório que imperava na família espírita brasileira, decidiu ditar aquelas famosas instruções que muita luz vieram trazer ao rebanho desgarrado e sem pastor.

Foi assim: no mesmo ano em que iria findar o Império no Brasil, o Espírito Antônio Carlos de Mendonça Furtado de Menezes anunciou, na "Fraternidade", que "Allan Kardec viria fazer uma análise da marcha da doutrina no Rio de Janeiro, dirigindo-se a todos os espíritas".

Esse Antônio Carlos era um Espírito esclarecido e puro, desencarnado há alguns anos.

Estava constantemente a dar comunicações em quase todas as reuniões do Rio. Chegaram mesmo a fundar o "Grupo Espírita Menezes", sob a sua égide espiritual.

Quando Menezes anunciou que Allan Kardec viria ditar as suas instruções, corria o mês de janeiro de 1889. E o fez na "Fraternidade".

Logo no mês seguinte, dando fim à expectativa geral, o mestre, incorporado no médium Frederico Júnior, comunicou-se com a assembleia, cujas instruções foram publicadas pela própria "Fraternidade".

11

Novas Divagações que Parecem Inúteis, Mas Não o São Realmente...

Foi então que entrou na liça o "médico dos pobres".

Animado pela leitura das "Instruções", viu Bezerra de Menezes a ocasião, tantas vezes esperada, de tentar a suprema missão dos espíritas no Brasil. E começou a trabalhar nesse sentido.

Cheio de bons propósitos — os bons propósitos que lhe referviam na alma, sempre que se engolfava na luta — convocou um congresso espírita, onde deveriam comparecer os representantes de todos os grupos.

Este foi realizado na "Federação", da qual Bezerra era já o presidente.

Retornando à ideia anterior, o "médico dos pobres" lançou os fundamentos de um nova entidade, onde se congregassem todas as associações. A sugestão foi aceita e dela surgiu o famoso "Centro Espírita", cuja instalação foi ratificada por trinta e quatro delegados dos vários grupos da capital do Império.

O próprio Bezerra, escrevendo no *Reformador*, refere-se animadamente a tão auspicioso fato, com as seguintes palavras: "Por toda parte, em terra e nos ares, ouviam-se as vozes dos que clamavam pela união dos espíritas, pela ordem e regularidade em seus trabalhos. No meio dessa aspiração geral, baixou à Fraternidade o mestre Allan Kardec e, numa comunicação que exalta os sentimentos de quem a lê, fez sentir os graves inconvenientes de continuarem os trabalhos espíritas como até aqui e a urgente necessidade de dar-se uma organização séria ao exército que combate à sombra da bandeira de Ismael".

Da Federação ergue-se o brado de reunir e, mediante convite a todos os grupos espíritas da Corte, teve lugar uma assembleia, em que estiveram representados vinte e quatro grupos, dois terços, pouco mais ou menos, dos que trabalhavam entre nós. "Nesta assembleia, em que transparecia o ardente desejo de todos de verem erguer-se, no Brasil, sobre as bases da união e da fraternidade, o templo do angélico Ismael, resolveu-se, por unanimidade, convocar um Congresso constituinte, para se assentar no modo de dar-se satisfação à recomendação do Mestre e aspiração de todos os espíritas. A esse Congresso (constituinte) concorreram representantes de vinte e quatro grupos, que formaram a assembleia que o convocara, e mais dez novos, portanto, trinta e quatro delegados dos grupos espíritas da Corte". Mais adiante: "Decretando, pois, o regime federativo como lei orgânica do Espiritismo no Brasil, o Congresso dissolveu-se...etc".

Fundado o novo Centro, instalada a sua sede, tiveram início os trabalhos preparativos. Infelizmente ele não pôde realizar o programa que havia presidido à sua fundação.

As correntes de opinião que dividiam a família espírita mais e mais se acentuavam.

As ambições de mando, bem como os desejos de ocupar postos de relevo, convulsionavam os crentes, fazendo-os divergir pelas menores coisas.

A eterna luta entre **espíritas** e **kardecistas**, que tão desarrazoadas porfias trouxe ao Espiritismo, não só no Brasil como nos demais países, prosseguia com a mesma acrimônia de sempre.

Cabe aqui um novo parênteses, para a explicação definitiva da essência das duas grandes correntes: a dos **místicos** e a dos **científicos.**

Tal explicação torna-se necessária, para melhor compreensão das lutas em que se engolfaram as diversas mentalidades que dirigiam, de qualquer modo, o pensamento da doutrina, no Brasil.

Allan Kardec, mestre inconfundível e estudioso impenitente de ciências ocultas, tendo chegado, um dia, a conclusões satisfatórias, a respeito da migração dos Espíritos, da reencarnação e das comunicações dos mesmos, através de incorporações ou outros processos, deixou o resultado de suas observações em um livro a que chamou *O Livro dos Espíritos*.

Nesse trabalho, Kardec estudou a essência e o mecanismo científico do Espiritismo.

Não há nele um único liame que o prenda à religião de espécie alguma.. É ciência pura. Estudo perfunctório e incisivo daquilo que se pode designar como princípio fundamental do Espiritismo.

Kardec vasou, em *O Livro dos Espíritos*, a súmula de suas elucubrações e o verdadeiro código da recente revelação e da maneira como os mortos podem se comunicar com os vivos. É a Terceira Revelação, codificada em leis singelas e cuja essência está ao alcance de qualquer pessoa estudiosa.

Até aí, como se vê, nada de preocupações religiosas.

Mais tarde, porém, Kardec, querendo provar que o Espiritismo já havia encontrado reveladores justos, entre os grandes iniciados na humanidade, atirou-se à análise da obra de Jesus Cristo e escreveu então *O Evangelho segundo o Espiritismo*.

Foi além: perquirindo o princípio das coisas e a própria formação da Terra, produziu *A Gênese*, segundo o Espiritismo.

E deduziu que Moisés fora o autor da Primeira e o Cristo o da Segunda Revelação. Ele próprio, sem o querer, tornou-se o proclamador da Terceira Revelação.

Apenas Moisés e Cristo não haviam codificado, satisfatoriamente, as leis da sua doutrina.

É que os fundamentos do Espiritismo não tinham ainda surgido com a devida clarividência.

Vemos, por aí, que o próprio Kardec estabeleceu com a sua obra as duas grandes correntes: a dos **espíritas puros**, isto é, os que se cingiam à análise crua e científica da doutrina filosófica, contida em *O Livro dos Espíritos*, e a dos que acreditavam e seguiam o "Evangelho" ou as demais obras escritas por Kardec "segundo o Espiritismo" (aqueles que mais tarde seriam os kardecistas).

Duas formas diversas da mesma doutrina.

O **Espiritismo** existe, aliás, em todas as partes do mundo. Serve a todas as religiões. Como se adaptaram os seus princípios à moral de Jesus, bem poderiam os mesmos ser adaptados à moral de Buda, de Lao-tsé, de Maomé, e tantos outros reveladores e instituidores de doutrinas religiosas. *O Livro dos Espíritos* é um livro básico.

Como se analisou, através de seus princípios, o Evangelho de Cristo, podem, também, ser analisados o do Messias da Índia ou o do Islã, ou o do Japão.

Todos, em suma, são espiritistas, são irmãos. Os kardecistas são "irmãos em Jesus". Os indianos são irmãos em Buda. Os mongóis são irmãos em Confúcio. E assim por diante.

Os kardecistas só toleram a fé cristã. Não quer dizer, porém, que os demais deixem de ser espíritas. Não.

Todos aceitam os princípios e o mecanismo da ciência contida em *O Livro dos Espíritos*. Isto estabelece, no entanto, as fronteiras entre os kardecistas e os espiritistas puros.

Cada grupo, dentro de suas fronteiras, constituiu uma bandeira nova. Pura questão de interpretação.

Há, ainda, o rustanguismo, o suedemborgismo, e muitas outras seitas. Cada uma delas, dentro do espiritismo puro divergiu, no entanto, na compreensão de alguns postulados do Cristo.

Roustaing, por exemplo, estabeleceu a crença na virgindade de Maria e no corpo fluídico de Jesus. Cristo, para os rustanguistas, possuía uma natureza extra-humana; Kardec já não entendia assim.

O Rabi, para os kardecistas, não passava de um homem dentro da sua natureza humana mas servido por um Espírito de grande iniciado, a quem foi incumbida a tarefa da Segunda Revelação.

Com vêem, tudo não passa da interpretação dada a certos detalhes. No fundo, porém, o Espiritismo é uno e indivisível, dominando os adeptos de todas as "seitas".

Estas, no entanto, por falta de compreensão, entraram em luta, causando retardamentos consideráveis na marcha da doutrina.

12

Os Trabalhos e os Dias, Como os Entendia o Poeta Hesíodo

Por isso mesmo é que a confusão imperava, no momento em que Bezerra de Menezes resolveu fundar o "Centro".

Seus propósitos eram, como já ficou dito, animados da melhor intenção. Kardecista intransigente, pretendia, assim mesmo, congregar **místicos** e **científicos,** sem distinção.

O que ele sonhava era a união integral da família espírita.

Não o compreenderam, infelizmente. E as dissensões prosseguiram.

Na primeira comunicação, em nome do novo Centro, Bezerra chegou a declarar: "Permita Deus que os espíritas a quem falo, que os homens a quem foi dada a graça de conhecerem em espírito e verdade a doutrina de Nosso Senhor Jesus Cristo, tenham a boa vontade de me compreender, a boa vontade de ver nas minhas palavras unicamente o interesse do amor que lhes consagro".

Nada mais conciliatório. No entanto, tais palavras soaram como bombas.

Os **científicos** acharam, naquela declaração, que o chefe convocara apenas os homens "a quem foi dada a graça de conhecerem em espírito e verdade a doutrina de Nosso Senhor Jesus Cristo". Isto queria dizer que a convocação atingia apenas aos **kardecistas**.

E essa falsa interpretação elevou ainda mais as barreiras da dissidência.

❖

Mas Bezerra nem por isso se deixou abater na ação leonina que empreendera.

Por isso mesmo, neste período, sua atividade foi incrivelmente desdobrada.

Nas reuniões em que comparecia, não lhe faltavam os devidos estímulos. Seus guias espirituais não o abandonaram. Pelo contrário, comunicavam-se sempre com ele.

Tanto Romualdo, Daniel Mont'Alverne, como o próprio Santo Agostinho, seu verdadeiro orientador, apareciam-lhe continuamente. E Bezerra rumava a sua ação, consoante os conselhos sábios de seus guias.

Sempre na vanguarda da propaganda doutrinária, julgou azado o momento para divulgar aos humildes os postulados espíritas.

Fazia-se mister um grupo de pregadores. E Bezerra, na falta de outros, resolveu, ele mesmo, exercer esse papel.

Como presidente da Federação, entendeu de bom aviso instituir uma sessão hebdomadária, onde ele próprio iria explicar aos ouvintes o *O Livro dos Espíritos*.

Passou do pensamento à ação. À sede da Federação afluíam, diariamente, dezenas e dezenas de pessoas, que lá iam em busca da proteção invisível.

Já a certeza das coisas maravilhosas, produzidas pela nova doutrina, lavrava na consciência do povo. Bezerra decidiu orientar e esclarecer essa gente, fazendo-a ouvir a explicação do verdadeiro sentido do Espiritismo.

Escolheu os dias de sexta-feira; e inaugurou as famosas sessões, no dia 23 de maio de 1889.

O resultado das mesmas foi o mais proveitoso possível. Os adeptos prestigiaram-lhe a ação com uma frequência desusada e francamente animadora. Isto na Federação. Em outros núcleos, desdobrava-se, também, o trabalho ardoroso do "médico dos pobres".

Na União, por exemplo, ele comparecia todos os domingos, a fim de realizar conferências e reuniões de congraçamento dos vários grupos dispersos.

Não menos brilhantes que os artigos em *O País* eram essas palestras, nas quais Bezerra traduzia, em palavras doces e conciliatórias, os seus propósitos de ver a família espírita congregada e unida.

O Centro, o famoso Centro que ele mesmo fundara, merecia-lhe toda a atenção possível.

Aí, o seu trabalho consistia apenas em dar cumprimento ao programa traçado, que era o de conciliar **místicos** e **científicos**, **kardecistas** e **não-kardecistas** e todos os setores das demais **crenças**...

A estas assembleias compareciam seus companheiros de campanha.

Dentre eles, é de justiça salientar os nomes de Dias da Cruz, Lima e Cirne, João Kahl Sequeira Dias, Antonio Sayão, Maia Lacerda, Xavier Pinheiro, Romualdo Nunes, Elias da Silva, etc.

Todos estes tiveram, de qualquer forma, larga projeção na propaganda da doutrina Espírita, durante os últimos anos do século findo.

Juntos, em torno do chefe, procuravam dar forma concreta ao programa de aliança que o Centro elaborara. Infelizmente, como se verá adiante, seus esforços se estiolaram, no marasmo da indiferença que os cercava.

Bezerra, além dessas atividades, frequentava assiduamente os notáveis "trabalhos de desobsessão" do **Grupo Luz e Caridade.**

É realmente espantosa a ação desse homem, nesse período acidentado de propaganda. Com tantas e tais preocupações, seu espírito se desdobrava, em uma distensão realmente edificante.

Afora essas obrigações, como se elas mesmas não lhe bastassem, nas poucas horas vagas, em casa, tomava da pena e, à luz do lampião da sala de jantar, curvado sobre tiras de papel, traduzia as *Obras Póstumas*, de Kardec.

E nesse trabalho, não raro, surpreendia-o a madrugada...

13

Chamo, e Ninguém me Responde...

Correu assim o ano de 1889.

O regime do Brasil sofreu a transformação radical de 15 de Novembro. O Exército se reuniu no campo de Santana e o generalíssimo Deodoro, erguendo a espada, proclamou a República.

O Imperador, banido com os seus, pedia, do Velho Mundo, "um pugilo de terra brasileira", sobre o qual esperava repousar a cabeça encanecida, quando Deus o chamasse.

A nova política empolgava as massas. Discutia-se nas esquinas, nos lares, nas casas de congresso.

Bezerra trabalhava. Seu Espírito exauria-se na campanha santa que o absorvia por inteiro.

Em dezembro finalmente, começou a sentir cansaço. Seu organismo exigia repouso.

Mesmo assim não atendeu aos imperativos do organismo. Não lhe concedeu tréguas.

No intuito de se dedicar mais ao Centro — pois via que neste setor é que maior necessidade havia de trabalho e de abnegação — demitiu-se da presidência da Federação. Animava-o uma secreta intenção: fundar uma **escola de médiuns.**

Kardec, em sua comunicação, dissera bem claro: "Para a propaganda, precisamos dos elementos constitutivos dela". E indagava mais adiante: "Onde a escola de médiuns?"

Esta pergunta do mestre tornou apreensivo o nosso Bezerra. Em seu Espírito batia, continuamente, a indagação aflitiva de Kardec: "Onde a escola de médiuns?" E ele, de fato, não a encontrava em parte alguma.

Nunca havia pensado em tal. No entanto, urgia que ela fosse instalada.

E foi para dar realização a esses pensamentos, que Bezerra fundou uma escola de médiuns. Nem todos os companheiros acharam, porém, que a ideia fosse proveitosa.

Muitos mesmo chegaram a combatê-la. Um deles foi Elias da Silva.

Este entendia que o desenvolvimento das faculdades mediúnicas de criaturas que, para isso não estivessem devidamente preparadas, poderia redundar em casos de obsessão. Mas o parecer de Bezerra era justamente contrário ao de Elias.

E firme, como sempre, ao desideratum íntimo, estribado em suas fortes convicções, instalou a "escola de médiuns", no Centro.

Aí, porém, sua desilusão foi tremenda. Clamou num deserto.

Aos seus apelos reiterados, ninguém respondia. Só, absolutamente só, seu desconforto o fez sofrer mais pelo abandono dos seus amigos. Nem os próprios membros da diretoria compareciam às sessões.

Bezerra clamou aos quatro cantos. Convocou inutilmente os correligionários.

Tudo surdo. Tudo impenetrável.

E foi dentro desse isolamento intraduzível que o grande lutador viu findar o ano de 1890.

❖

Enquanto no Centro as coisas se passavam desse jeito, em outros núcleos a doutrina tomava vulto.

A Federação inaugurava o seu período áureo, preparando-se para a projeção formidável que iria ter no futuro.

De todas as associações doutrinárias vinham-lhe adesões pessoais. Seu quadro de sócios ampliava-se cada vez mais.

E as deserções se verificavam continuamente na União, na Fraternidade, no Centro, etc.

Mas que é que caracterizava tal movimento em favor de uma única entidade?

Muito simples: o lema da Caridade.

Enquanto nas outras sociedades se pregava doutrina ou filosofia, na Federação a coisa era outra. "Exercia-se o Bem, praticava-se a Caridade". E como esse é o único caminho para se aliciar adeptos, pura e espontaneamente, para qualquer doutrina, viu-se, em pouco, crescer a afluência às portas da Federação.

O caso foi o seguinte: um médico, o dr. Polidoro Olavo de São Tiago, tivera um dia uma ideia felicíssima. E cuidou logo de dar corpo a essa ideia, que consistia, nada mais nada menos, na instituição da famosa "assistência aos necessitados".

Tal assistência seria calcada nos moldes das conferências vicentinas.

Cumpre notar, aliás, a estreita analogia que existe entre o caráter de tais conferências e os postulados básicos do verdadeiro Espiritismo.

Ouçamos, a propósito, a palavra do sr. Canuto Abreu:

"Sabe-se que as conferências vicentinas tiveram no seu começo (1833), um caráter espirítico: a visão da Irmã Rosária, a intuição dos oito estudantes de direito, as reuniões hebdomadárias, as sessões abertas e encerradas com preces, a evocação do Espírito São Vicente de Paula, as decisões caritativas, a visita domiciliar, a proteção de um guia espiritual sob o qual se acolhe cada conferência, tirado em regra, dentre os santos cristãos, etc. Mesmo depois que a Igreja, doze anos mais tarde, em 1845, tomou a direção espiritual da Sociedade de São Vicente de Paula, esse caráter espirítico permaneceu."

Como se vê, é clara a intuição espírita que orientou os desígnios de Vicente de Paula, no momento em que ele intentou suas famosas conferências.

A assistência aos necessitados trouxe, portanto, um afluxo de simpatia à Federação.

Nem seria de esperar outra coisa; enquanto isso, as demais associações tornavam-se vazias...

Dentre as adesões valiosas, que muito contribuíram para enriquecer esse núcleo central, cumpre salientar a do dr. Pinheiro Guedes, que doou à Federação "uma coleção importantíssima de livros sobre todos os ramos do conhecimento humano".

Não só aqui no Rio como nos demais estados, grande e acentuado era o movimento de solidariedade.

De São Paulo, a revista *Verdade e Luz* enviava o seu apoio moral, em nome do Centro que a editava; e era o maior núcleo da capital bandeirante.

Além fronteiras, intensificava-se, também, a corrente de simpatia. E é assim que a Argentina, o Uruguai e até mesmo Portugal moldavam as suas instituições sobre os estatutos e os postulados de ação da Federação Espírita Brasileira.

Vitória completa, plena e indiscutível.

❖

Diante desse movimento que fazia Bezerra de Menezes?

No **Centro**, no seu **Centro**, sua figura de ancião curvava-se sobre a mesa dos médiuns e aí se deixava ficar, em completa abstração.

Doia-lhe o fracasso, o desmoronamento inevitável, embora lento, daquela casa a que ele dedicara o melhor dos seus esforços.

Mas, mesmo no abandono, sua vontade não se quebrantava.

E havia qualquer coisa de sublime na atitude estóica daquele velho de longas barbas brancas, isolado e mudo, a lutar bravamente, em obediência aos imperativos do rumo que a si mesmo traçara.

Alguém o advertiu, um dia, que talvez ele não tivesse compreendido bem as famosas "Instruções" de Allan Kardec. Bezerra deu de ombros.

Dentro dele próprio luzia a intuição admirável que o fazia grande, imensamente grande aos olhos dos seus coetâneos. Mas a situação material do Centro tornou-se por fim, insustentável.

Seus recursos não lhe bastavam. E a necessidade ditou-lhe um gesto supremo.

Pretendeu expor aos seus companheiros de diretoria a penúria em que se encontrava a associação...

Para isso escreveu a cada um deles. Pediu-lhes o comparecimento inadiável. Mas ninguém apareceu...

O lutador não se deu por vencido. Na semana seguinte tornou a convocar os seus companheiros. E, como da primeira vez, Bezerra se encontrou sozinho, na sede do Centro. Positivamente estava fracassado.

Foi então à casa de um por um. Exortou-os a uma última reunião a fim de se tomarem as resoluções finais da entidade.

As respostas eram sempre as mesmas:

— Meu caro Bezerra, você compreende, tenho andado atrapalhadíssimo. Não me leve a mal. Olhe, de minha parte, dou-lhe plenos poderes para você deliberar, seja o que for...

E Bezerra baixava a cabeça, agradecendo o "interesse" dos companheiros.

Foi então que decidiu bater às portas da "Fraternidade".

O "Centro" não possuía recursos de espécie alguma, com que se pudesse manter, de portas abertas. Mas Bezerra não queria que o "Centro" expirasse. E veio daí a ideia de pedir asilo à "Fraternidade".

Uma sala, um cantinho qualquer, por menor que fosse, bastaria para lhe assegurar a sede.

Nem que lhe desse apenas uma mesa. Ele trabalharia sozinho. E o "Centro" naquela ocasião não era ele, apenas ele?...

Seus amigos da "Fraternidade" dispensaram-lhe o acolhimento devido. Nem seria de esperar outra atitude, pois, a Bezerra de Menezes, todos queriam bem. E lá ficou **instalado o Centro.**

Logo na semana imediata aparecia nas colunas de *O País* o aviso seguinte:

"Centro Espírita, com sede na velha sociedade Fraternidade, tendo por bandeira Deus, Cristo e Caridade, auxiliará o desenvolvimento intelectual, criando um estabelecimento de humanidade, onde o ensino seja gratuito à mocidade, mantendo o *Reformador* e dando à luz uma revista de estudos práticos da doutrina, sob o ponto de vista científico, fazendo conferências públicas, ao alcance de todas as classes. Auxiliará o desenvolvimento moral, pedindo o concurso de todos para obras de beneficência, organizando regularmente, de conformidade com as leis da doutrina, os grupos existentes e os novos que forem precisos para acudir-se aos Espíritos sofredores, adquirir-se o conhecimento em espírito e verdade do Evangelho e fazerem-se experimentações científicas sobre princípios e fatos espíritas. Podem, pois, todos os espíritas do Brasil, que quiserem dar força a esta organização recomendada pelo Mestre, dirigir-se ao Centro Espírita "Fraternidade", provisoriamente à Rua São José, 44, 2.º andar."

14

Provocações e Sacrifícios

Não foi, porém, lá muito feliz a estadia do Centro, na "Fraternidade". Novas dissensões entraram a agitar o meio. Novas lutas, novos desentendimentos.

A eterna porfia, a sempre renovada incompreensão entre **místicos** e **científicos**, continuava a convulsionar os vários núcleos.

A esterilidade das divergências em torno dos Evangelhos de Kardec e de Roustaing trouxe, por essa ocasião, novos conflitos doutrinários.

Os rustanguistas, se já possuíam certas prevenções contra a orientação da "Fraternidade", passaram a olhar como uma provocação a chegada de Bezerra de Menezes, com a sua mesa, os seus papéis e o seu prestígio inconteste. E do despeito chegaram à guerra aberta.

Bezerra era kardecista. Todos o sabiam.

Mas não combatia ninguém. Combateu sim, durante toda a sua vida, em prol da estreita união dos espíritas, indistintamente.

Nem todos, porém, possuíam esses alevantados propósitos morais. E a luta deflagrou.

Achando que a sua posição se tornava comprometedora pelo acolhimento dado ao **Centro**, os rustanguistas levantaram acampamento e abandonaram a "Fraternidade".

Levando o seu estandarte, foram bivacar no “Ismael”, que, ao tempo, funcionava em casa de Sayão, e era dirigido por este e por Bittencourt.

O chefe do dissídio foi o próprio médium Frederico Júnior, aquele mesmo que incorporara o Espírito Allan Kardec, quando baixaram as famosas “Instruções”.

Atrás dele, seguiram muitos outros.

Tais desinteligências serviam apenas para enfraquecer, cada vez mais, o bloco espírita, cujo desenvolvimento só poderia depender logicamente de sua perfeita união.

❖

O ano de 1890 não findou satisfatoriamente para os meios espíritas no Brasil. Em outubro, o governo republicano sancionou o Novo Código Penal.

Foi seu relator o notável criminalista dr. Antônio Batista Pereira, cuja competência jurídica era reconhecida pelo país inteiro.

Esse novo estatuto de leis, que iria reger as diretrizes da justiça social do país, encheu de temores os clãs espíritas.

Começaram todos a recear a má interpretação que ao mesmo poderia ser dada pelas autoridades policiais.

E esse receio trouxe, às várias associações, um movimento instintivo de coesão, para mais facilmente poderem opor resistência às ameaças que se esboçavam no ar e que sobre elas se desencadeariam com certeza, em futuro bem próximo.

Quem encabeçou esse movimento foi ainda a Federação.

Contando com o apoio das demais sociedades coirmãs e segura da ação de todas elas reunidas, sua diretoria enviou uma “Carta aberta” ao Ministro da Justiça, na qual se fazia sentir o espírito de agressão e de parcialidade contido no novo Código Penal.

Era isso em fins de 1890.

Secundando o gesto da Federação, as demais associações formaram ao seu lado, trazendo à mesma uma solidariedade irrestrita.

Chegaram a enviar ao generalíssimo Deodoro, chefe do Governo Provisório, uma extensa “Representação”, verberando os intuitos mal acobertados do relator do Código.

O que ali se condenava, até à perseguição, não era o Espiritismo são, moral, religioso e educativo. Era, sim, o que até hoje conhecemos sob a designação de "baixo espiritismo".

Nada mais louvável, portanto, nada mais merecedor de acolhimento por parte da sociedade que se sentia ameaçada com as práticas da magia negra, branca, etc.

O novo Código visava apenas colocá-la a coberto dessas práticas indesejáveis. Os espiritistas, porém, não se deram por satisfeitos com tais declarações, e, prosseguindo em sua campanha, interferiram recursos à Constituinte.

É que lhes assaltava o temor das "más interpretações" por parte das autoridades, especialmente das autoridades policiais.

Realmente, de que maneira poderia a polícia "perceber na prescrição homeopática, nos passes mediúnicos, o que era do homem e o que era do Espírito?"

O problema, de resto, impõe-se até os nossos dias.

A justiça sempre perseguiu e deverá continuar a perseguir os fanáticos do espiritismo mal orientado e nocivo que, aproveitando-se do campo enorme de ignorância e incultura das classes menores, alastra-se como vírus daninho, transformando a ciência espírita, educativa e moral, nas práticas mais absurdas das macumbas, terreiros, obsessões e magias...

Merece aplausos, sem dúvida, a campanha das autoridades contra práticas tão malignas.

Por isso mesmo deixam elas plena liberdade de reunião e de ação às associações bem orientadas e superiormente dirigidas. Mas isso é hoje.

Nos primeiros tempos da República, porém, as coisas se passavam de outra maneira.

O novo regime era ainda combatido por grupos de conservadores, fiéis à monarquia, saudosistas do Império.

Esses núcleos, não por vezes numerosos, não cessavam de conspirar. Reuniam-se em todos os lugares onde se julgassem resguardados da ação policial e tramavam a queda da República.

A princípio mal davam conta as autoridades desse coaxar de descontentes, escondidos nas tocas. Mas o mal se alastrava, tomando proporções.

Não raro, rebentavam distúrbios e dissensões. E a ação repressiva, como é natural, não se fez esperar.

A polícia, sob ordens severas, pôs-se a procurar os conspiradores.

A essa altura, já ninguém se sentia seguro. Nos meios espíritas imperava um vago terror do que estaria para suceder; e, em um movimento instintivo de defesa, cuidaram mais uma vez da união de todos os núcleos.

A gravidade da hora exigia, de fato, essa medida. Nada como o ambiente pesado de desgraças, para forçar o agrupamento das forças díspares.

Diante, pois, do prenúncio de tempestade, decidiram as várias associações cerrar fileiras em torno da Federação, entidade que a todos pareceu de maior prestígio e a mais digna de representar os anseios da família espírita.

Secundando o gesto da "Fraternidade", que foi a primeira a se acolher sob a bandeira protetora da Federação, outras entidades aderiram também.

E, em pouco, a ela estavam filiados os grupos "São Francisco de Paula", "Santo Antônio", "Filhos de Maria", "São Roque", "São Manoel", "Anjos da Guarda", etc., formando todos um só bloco.

O perigo, contudo, não pôde ser conjurado. E as perseguições começaram.

Em toda a parte a polícia enxergava conspiradores contra o regime. Nessa atmosfera pesada de apreensões e temores, com as garantias suspensas, pela decretação do sítio, a capital da República viveu horas de angustiado terror. Ninguém se sentia seguro.

À medida que o ano chegava ao seu termo, mais se acentuavam essas perseguições.

O pavor dominava os lares. As buscas eram constantes, nas próprias casas de família.

O arbítrio imperava, sob o gelado silêncio dos habitantes. Nos morros, nos arrabaldes distantes, no próprio centro da cidade, a polícia devassava tudo, prendendo sem delongas todo aquele que lhe parecesse suspeito.

As denúncias anônimas choviam e os agrupamentos de qualquer natureza viam-se logo dispersados.

As sedes das agremiações e de clubes eram, amiúde, varejadas, pois as reuniões provocavam a desconfiança dos agentes.

Nos meios espíritas não foi menor o pânico. Perseguidos e proibidos de se reunirem, os poucos centros existentes viram-se na dura contingência de cerrarem as suas portas, a fim de que não incorressem nas iras policiais.

Foi este um dos períodos de mais dura provação para os espíritas no Brasil. O próprio *Reformador* viu-se obrigado a suspender sua publicação.

Isto se explica não só pelo sopro de materialismo e de racionalismo que vasculhava o país, logo após a implantação da República, como, também, pelo triunfo recente das ideias de Augusto Comte, na Europa, estabelecendo os princípios da doutrina positivista.

Os estudiosos do assunto não tardaram a abraçar a nova filosofia que, por sinal, encontrou no Rio grande número de adeptos.

Os próprios mentores da República, com Benjamin Constant à frente, ditavam leis e reformas sociais orientadas no espírito do catecismo positivista.

A Igreja Católica, embora separada do Estado, concorria assim mesmo para exercer maior pressão contra o seu inimigo mais acirrado. E do alto dos púlpitos choviam as catilinárias contra os espíritas, considerados como os adversários principais do clero.

Com todo esse sopro de adversidade e de duras provações, calaram-se as vozes dos pregadores e dos dirigentes de grupos.

Os centros fecharam as portas; os mais fervorosos adeptos se reuniam às ocultas, na atmosfera gélida do pânico.

15

O Gigante Abandona a Luta

Data desta época o início de um período obscuro para a história do Espiritismo no Brasil.

Realmente, de 1891 a 1895 decorreu um quadriênio confuso para as hostes espiríticas.

Fundas dissensões dividiram, de maneira irredutível, os poucos grupos existentes. Questões de interpretações, sempre elas.

O racionalismo que imperava em todos os ramos de atividade do país conseguiu contaminar também o Espiritismo. A confusão era geral, como afirmava Machado de Assis.

De um lado agruparam-se os **científicos**, ao passo que, do outro, prosseguiram os **místicos** os seus trabalhos de sempre. E não havia jeito de chegarem a acordo.

Os primeiros sentiam o ânimo reconfortado com as notícias chegadas da Europa, onde homens eminentes estudavam a fundo as manifestações espíritas, emprestando-lhes o melhor de seus esforços e de seus conhecimentos.

Diante dos trabalhos da médium Eusápia Paladino, mentalidades como César Lombroso, Tamborini, Ascendi e outros concluíram, após longas e porfiadas investigações, que o Espiritismo devia possuir um alto caráter científico e que, necessariamente, todas as suas manifestações comportariam uma explicação condigna.

A nova ciência dedicada aos estudos dessas questões ficou conhecida como Metapsíquica.

É fácil, a qualquer um, supor a influência dessas ocorrências nos meios culturais brasileiros, cujos ensinamentos eram totalmente hauridos nas fontes do Velho Mundo e para aqui exportados.

As revoluções intelectuais se processavam consoante o que se pensava nos países europeus.

Era natural, pois, que nas rodas espíritas se verificasse, também, a influência marcante das investigações recentes dos cientistas de lá. E o movimento rumou na direção da metapsíquica.

Nos meios cultos só se falava em ciência, ciência e mais ciência.

Uma vontade insopitável de investigar, de deduzir, de indagar, se apoderou de alguns homens.

As experiências se sucederam em todas as partes. O espírito religioso periclitava.

Existia mesmo o propósito firme de o banir das reuniões que mais se assemelhavam a reuniões de laboratório...

Tais experiências eram dirigidas por vultos conhecidos nos meios científicos e educacionais do país. Citam-se, entre outros, o professor Érico Coelho, da Faculdade de Medicina, o dr. Waldomiro Mota e o professor Alexandre, do Colégio Pedro II.

O kardecismo, renegado acintosamente, despediu-se dos principais núcleos. A própria Federação baniu os **místicos**, constituindo-se na cidadela dos **científicos**.

Outras, como a "União", a "Acadêmica", "A Fraternidade", etc. aderiram ao movimento. Esta última chegou a mudar o seu nome para o de "Sociedade Psicológica Fraternidade".

Escoaram-se assim os anos de 1892 e 93.

O espírito religioso, recolhido, espreitava o fim daqueles intermináveis debates dos homens de ciência.

E esperava a ocasião em que os mesmos se cansassem para que ele pudesse entrar em ação.

Bezerra de Menezes, que não podia compreender Espiritismo sem fé religiosa, prosseguia, no entanto, na campanha surda em prol dos seus ideais.

Ferido duramente pelas mais cruéis provações, pois em pouco menos de dois anos assistira à morte de três filhos, não deixou, contudo, de terçar armas em um esforço condigno e convincente.

Era, pode-se dizer, o único batalhador pela religião espírita. Amargurado e combalido, seu ânimo continuava, todavia, firme e resoluto.

Saía continuamente e regularmente para o "Centro Ismael". Ali, muitas vezes, quase sozinho, engolfava-se em profundas preces, em alentadoras meditações religiosas...

Em casa, trabalhava também continuamente. Todos os domingos o *O País* publicava um artigo seu, sob o pseudônimo de Max.

Chegou a trabalhar em um romance *Lázaro, o Leproso*, publicado nesse mesmo ano de 1892.

Em 1893, a situação mais se agravou. Não só a do país como, também, a situação pessoal do incansável lutador.

Sem intuitos de conseguir proventos materiais — sentimentos a que Bezerra, aliás, nunca cedeu abrigo — suas condições financeiras desceram a um nível quase miserável.

Pobre, paupérrimo mesmo, e em pleno isolamento, não desanimou. Das próprias provações tirava ele o influxo necessário para enfrentar a luta.

Nos últimos meses daquele terrível 1893, a Revolta da Armada convulsionou a capital do país. O troar dos canhões enchia de pânico a população.

No meio das ruas, as tropas acampadas infundiam esse terror indisfarçável que só a maldição da guerra implanta no coração dos homens.

Em setembro, não havia nenhuma sociedade funcionando. Todas as entidades, de qualquer natureza, viram-se obrigadas a cerrar as suas portas.

No entanto, acossado pelas necessidades da vida, Bezerra prosseguia na luta.

Até os últimos domingos do ano, os artigos de Max continuaram a aparecer no *O País*, como a derradeira trincheira onde batalhava o derradeiro soldado.

Finalmente, no dia de Natal, resolveu encerrar essa brilhante série de publicações, compelido assim mesmo por insinuações da direção do jornal.

Despedindo-se do seu público, Bezerra traçou uma enternecedora homenagem a Jesus, no dia justo em que a humanidade cristã festejava a data do advento do menino redentor.

E naquela noite silente, em que o mistério sublime da cristandade pesava sobre o mundo, enchendo de alegria inconsciente os lares pobres ou opulentos, Bezerra caminhava pelas ruas, abatido e combalido.

Seu olhar se alongava estranhamente pelo interior das janelas, onde os pinheiros exibiam o ouro falso dos enfeites de Natal e os flocos de algodão, fingindo neve.

A caminho de casa, onde os seus o esperavam para a bênção cristã daquela noite linda, Bezerra, um dos mais sinceros cristãos do seu tempo, ia pedindo, baixinho, ao filho de Deus, que mandasse "a toda nudez, um pano do seu manto, e a toda miséria, o orvalho do seu pranto..."

16

O Sentimento Mais Alto do que o Raciocínio

Em 1894, o ambiente mostrou tendências para melhorar.

Cansados da luta improfícua entre **científicos** e **místicos**, cuidaram alguns abnegados de soerguer o Espiritismo em bases conciliatórias e proveitosas.

Urgia, antes de mais nada, promover ainda uma vez a união da família espírita. Para isso saíram em campo, dispostos a empreender esse trabalho, vários abnegados, batalhadores da nova causa.

Não foi fácil a tarefa, especialmente naqueles primeiros dias em que o ambiente que os esperava era de franca hostilidade.

Parecia mesmo que a conciliação seria impossível, tão profundos eram os abismos que separavam os vários grupos.

Todavia, diante da extrema boa vontade demonstrada pelos intermediários, os óbices foram transpostos.

O primeiro ato verificou-se com a restauração da "Federação". Logo em seguida o *Reformador* voltou a circular. Com isto o programa seguiu o seu curso.

À frente dos destinos da entidade restaurada encontrava-se o velho Dias da Cruz, médico homeopata conceituado e um dos nomes mais brilhantes de seu tempo.

Espírita honesto nas suas convicções, traçou, desde logo, os novos rumos da "Federação".

Situando o problema de reconstrução em um meio termo entre **científicos** e **místicos**, lançou o *Reformador* as bases do novo estado de coisas, nestes termos: "O espírita está em seu verdadeiro posto quando se coloca entre o homem de ciência e o homem de fé, não possuindo as crendices de um, nem por igual as negativas de outro. Não nos desviemos de nosso lugar. Postos entre a fé e a razão, evitemos os exageros do sectarismo, pois que ele é o verdadeiro inimigo".

Estatuídos tais princípios, entrou a funcionar a "Federação", instalada em um sobrado, na rua da Alfândega.

A reabertura da sede verificou-se em meados de 1894.

Não teve contudo a associação uma existência plácida e serena, como seria de esperar, após as tentativas de reconciliação da família espírita. Pelo contrário. As lutas surdas prosseguiram, agravadas de novas circunstâncias.

É o caso, por exemplo, da "Assistência aos Necessitados", a famosa assistência instituída em favor dos pobres, para socorrê-los, sem distinções e sem remunerações.

Obra filantrópica e de largo alcance social, a assistência fora criada pela própria Federação.

Sucedeu porém que, funcionando sob o mesmo teto da agremiação que a criara, entrou, com o decorrer dos meses, em conflito flagrante com a mesma.

O caso se passou assim:

A Federação, que voltara as costas ao kardecismo, resolveu abolir as aulas de estudos de *O Livro dos Espíritos*, de *A Gênese* e demais obras de Allan Kardec, que haviam sido instituídas por Bezerra de Menezes, cinco anos atrás.

Ao invés dessas aulas, Dias da Cruz criou sessões, realizadas às sextas-feiras, nas quais eram apresentadas teses destinadas à discussão seca, sem intervenção de sentimentos religiosos.

Enquanto isso se passava na sede da Federação, a Assistência prosseguia no cumprimento da sua missão filantrópica.

Diariamente sentavam-se nos bancos da sala de espera, dezenas e dezenas de criaturas pobres e necessitadas, à espera do momento em que pudessem ser atendidas pelos receitistas homeopatas.

Ouçamos o que a propósito dessa fase da "Assistência" escreveu Canuto Abreu:

"Este aspecto filantrópico da Assistência, que não tinha personalidade jurídica e vivia sob o mesmo teto da Federação, emprestava a esta enorme prestígio moral. O povo não sabia nem podia distinguir o que era propriamente desta — a propaganda acadêmica de sexta-feira e a literatura do *Reformador* — do que era particular e exclusivamente daquela: a caridade vicentina dos homens e dos Espíritos.

"E como é mais humano procurar quem nos console e nos ensine pelo sentimento, a quem nos force a pensar, a especular, ou, numa só frase, aprender pelo raciocínio, o movimento da Assistência contrastava, cada vez mais, com a frequência diminuta das sessões de sexta-feira e com a procura exígua do *Reformador*. Nos dias de gala e de conferência anunciada, a Federação reunia um máximo de trinta ouvintes.

"Nas sessões magnas, como a de 3 de outubro, o *Reformador* tirava dobrado duzentos exemplares para distribuição gratuita. Mas todos os dias úteis, fizesse sol ou chovesse, um sem-número de pessoas, num vaivém contínuo, dava à Assistência o testemunho de sua utilidade. Dessa forma, a flor de sombra, que não tinha tribuna de proselitismo nem personalidade jurídica, começou a ofuscar, pelo perfume e pelo mel, a flor de retórica, que possuía um nome pomposo e um jornal com justas pretensões de primeiro."

Dada essa situação estranhamente insustentável, Dias da Cruz sentiu-se diminuído em sua autoridade profissional.

Era médico e, como tal, só admitia a prática da medicina consagrada nas faculdades.

O público preferia a medicina dos médiuns; isso estava em desacordo com as normas empíricas que ele trouxera do seu curso brilhante de homeopatia. Decidiu, portanto, recolher-se aos bastidores...

A fim de que suas ideias não servissem de estorvo ao prosseguimento dos trabalhos da Assistência, Dias da Cruz resignou o seu posto, demitindo-se do cargo de presidente da Federação.

Seu substituto foi o professor dr. Júlio César Leal, autor do livro *Casamento e Mortalha*. No entanto, as divergências das facções continuavam latentes, não obstante a calma aparente que subsistia.

Foi assim que, sem se manter no justo e conciliador meio-termo, o programa da Federação pendeu para o kardecismo.

Novamente foram estabelecidas as aulas de doutrina, onde se explicavam aos leigos a essência de *O Livro dos Espíritos*, de *A Gênese*, etc.

Não tardou que novas divergências viessem perturbar a calma e a harmonia que, bem ou mal, haviam reinado durante a diretoria passada.

Um grupo de descontentes abandonou a velha e tradicional entidade e foi fundar o "Centro União Espírita de Propaganda do Brasil". Isto era em meados de 1895.

Júlio César Leal, por sua vez, viu que a situação se tornava insustentável. E a crise esboçada com a cisão dos sócios, foi finalmente consumada, seguindo-se o afastamento do presidente por motivo de doença.

Aí, então, os demais membros da diretoria se encontraram diante de um singular impasse: a quem chamariam eles para presidir e guiar os destinos da entidade?

Lá fora, o novo Centro prosseguia em seus esforços no sentido de anular a projeção da Federação; de outro lado, no Grupo Ismael, os místicos trabalhavam em silêncio, sob a orientação esclarecida de Bezerra de Menezes.

A todos pareceu que este seria o único nome capaz de merecer o respeito e a admiração das hostes espíritas.

A ele, pelo menos, ninguém combatera. Sua vida — um padrão de crença pura e probidade — era credora da veneração não só dos que com ele conviviam como, também, daqueles que o conheciam apenas de nome.

De fato, Bezerra, que se recolhera ao Grupo Ismael, após haver quebrado lanças no campo da batalha doutrinária, continuava ainda o seu trabalho de pregação humilde naquele núcleo reduzido, que ele mesmo elegera.

A grande projeção incontestável do seu vulto de sábio garantia-lhe, pois, o prestígio para o cargo de presidente da Federação.

17

Conselhos que Descem do Alto

Foi em uma noite fria de julho que o grupo, constituído pelos membros da diretoria, bateu à porta da casa do "médico dos pobres".

Posto ao corrente do que sucedia e ciente da decisão que arrastara os confrades à sua residência, Bezerra de Menezes balançou a cabeça, desalentado, procurando escusar-se ao pedido.

Não, não podia nem devia aceder a ele. Seu estado de saúde já não lhe proporcionava a energia necessária para arcar com tamanha trabalheira.

Sentia-se cansado, exausto de lutar contra a vida e contra os homens. Isso, no entanto, não lhe parecia um argumento decisivo, dada a tenacidade com que costumava empreender as campanhas em prol da doutrina.

O que o impedia de aceitar o cargo não era tanto a fraqueza orgânica, mas sobretudo, o dissídio criado na família espírita, entre **místicos** e **científicos.**

Não se sentia com forças para tentar acomodar toda aquela gente, cujos ânimos cada vez mais se acirravam em franca adversidade.

Para os que o foram convidar não havia argumentos capazes de justificar a desistência do velho mestre. Apelaram para tudo: para a sua bondade, para a sua ascendência sobre os confrades, para a sua força moral e, sobretudo, para o seu espírito de extrema tolerância, único que poderia promover a almejada conciliação.

— Realmente — ponderaram — só quem compreende o Espiritismo dentro do cristianismo, será capaz de harmonizar inimigos tão incompreensivelmente irreconciliáveis.

Bezerra era, o que se pode dizer, um legítimo cristão.

A suavidade de sua crença e a firmeza de suas convicções estavam alicerçadas na bondade ilimitada de Jesus e no seu espírito inigualável de tolerância e perdão para todos os erros alheios.

E foi essa feição que o obrigou a inclinar-se diante do apelo dos amigos.

Com a perspectiva de poder conciliar a grande família espírita em torno do ideal cristão, o venerando ancião prometeu pensar. E pediu um prazo de alguns dias a fim de que pudesse ouvir primeiramente o que lhe iria aconselhar o seu guia espiritual, o Espírito Agostinho.

Os outros concordaram e resolveram esperar.

❖

No dia seguinte, Bezerra de Menezes dirigiu-se para a sede do Grupo Ismael.

Realizava-se ali a sessão costumeira das sextas-feiras.

Assumindo a presidência dos trabalhos, o "médico dos pobres" deu início aos mesmos, dirigindo à assistência algumas palavras de abertura.

Notaram todos, desde logo, que o mestre estava visivelmente conturbado. Seus olhos brilhavam, com o brilho estranho que traduz as emoções profundas.

Mergulhando a cabeça entre as mãos trêmulas, Bezerra abismou-se em profunda concentração...

Elevou-se no silêncio da sala a voz grave do confrade Bittencourt Sampaio que proferia a prece inicial:

"— Jesus! Permite que possamos trilhar nosso caminho, tão crivado de urzes e de espinhos, com a coragem e o alento necessários. Que o teu Espírito sublime consiga, para nós, a bênção de amor e de fraternidade, a fim de que a possamos transmitir aos nossos irmãos que sofrem. É isto o que solicitamos da tua eterna bondade..."

Gravemente, a voz de Bittencourt Sampaio enchia de sonoridades estranhas o silêncio do ambiente.

Por fim, calou-se. Em um longo murmúrio, a assistência acolheu a bênção; e dispuseram-se todos para o início dos trabalhos.

Bezerra de Menezes, no entanto, permanecia com a cabeça afogada entre as mãos. Sob a estranheza geral, seus ombros começaram a ser sacudidos, convulsamente.

O "médico dos pobres" soluçava. Ergueu por fim a cabeça. De seus olhos corriam abundantes lágrimas que lhe orvalhavam a neve espessa das barbas.

A todos pareceu confrangedor o aspecto daquele ancião cujo semblante nazareno traduzia a bondade que morava em seu coração, chorando como uma criança, em frente de uma assistência comovida e atônita.

Assim ficou durante a primeira parte da sessão que, naquele dia, era destinada ao recebimento de mensagens psicografadas. Finalmente, quando se anunciou o debate dos temas, Bezerra denunciou as causas da sua aflição.

Contou as últimas ocorrências no seio da família espírita: as dissensões entre os grupos, os trabalhos da Assistência e as fundas divergências surgidas no seio da Federação.

Relatou o convite que recebera para assumir as rédeas do governo daquela entidade. Confessou que não se sentia com forças para o que lhe pediam.

Estava exausto e a vida não lhe sorria, exigindo todo o seu esforço disponível.

Mesmo assim, declarou que estava ali para receber as sugestões do mundo espiritual, cujas decisões ele prometia seguir, obedientemente. Disse e esperou.

Alguns momentos após, o próprio Espírito Agostinho, incorporado no médium Frederico Júnior, veio dirigir-lhe palavras de conforto, aconselhando-o a lutar mais ainda.

Concitou-o a desenvolver seus esforços no sentido de ampliar a campanha sob a bandeira de Deus, Cristo e Caridade. Como batalhador de primeira linha — pois que era um Espírito de escol — devia aceitar a presidência da Federação. Dali, maiores seriam ainda os benefícios que ele iria prestar aos sofredores.

Finalizando, Agostinho prometeu auxiliá-lo, assistindo-lhe carinhosamente os passos, no percurso de mais esta senda que ele iria percorrer.

Consoante a promessa que fizera, Bezerra de Menezes viu-se obrigado a obedecer. E, resignado, anunciou naquela mesma noite que aceitava o cargo de presidente da Federação Espírita Brasileira.

No dia seguinte, transmitiu aos amigos essa decisão.

18

Novos Rumos

Quando Bezerra de Menezes ocupou o cargo de presidente da Federação contava sessenta e quatro anos de idade.

Era um velho forte, de estatura quase atlética e de tronco largo, encimado por uma cabeça leonina, emoldurada pela prata dos cabelos e das barbas.

Seu ânimo se mantinha ainda inquebrantável e sereno diante do tumulto dos homens; seu espírito culto e superior pairava com tranquilidade acima das paixões menos dignas; contudo, um desgosto profundo morava-lhe no fundo do coração: o desgosto que lhe trazia a incompreensão que a humanidade possuía em relação à sua verdadeira missão na Terra.

Os homens bons eram ainda muito poucos.

Dentro do seu imenso desconforto, o "médico dos pobres" chegara à conclusão de que o terreno, onde havia tombado os conselhos de Jesus, era o mais estéril possível.

Os comezinhos princípios de solidariedade eram menosprezados por aqueles que tinham obrigação de pregar aos mais humildes.

O "amai-vos uns aos outros" perdera-se na Galileia, como se perderam os demais preceitos do Mestre. O lema constituído pelos três dogmas "Deus, Cristo e Caridade" era uma bandeira inútil, para a qual os homens não erguiam os olhos e à sombra da qual os pecadores não procuravam acolhimento.

Bezerra de Menezes sentia essas coisas todas, em virtude das profundas decepções sofridas, no transcurso de sua vida.

A política, que o absorvera durante longos anos e onde ele ingressara com a melhor das intenções, enchera-o de nojo.

Aprendera nela coisas edificantes! Mas vira também como a traição, constituída em moeda corrente, solapava o caráter e a dignidade dos homens, tornando-os meros conquistadores de posições.

Assistira ao jogo nefando das paixões, no tablado negro das competições. Ódio, amor aos ideais inconfessáveis, desrespeito aos princípios partidários, vinganças e delações, tudo, tudo o que é torpe e deturpador da justiça e do direito desfilara-lhe debaixo dos olhos atonitamente abertos.

Em sua passagem pela vida pública, Bezerra de Menezes tivera uma visão perfunctória do panorama negro das lutas humanas.

Isto, que para muitos constitui uma escola perniciosa de vícios e de crimes morais, serviu para dar maior apuro ao caráter do "médico dos pobres". O que para uns é um mal, para outros torna-se um bem. O espírito de Bezerra era um campo magnífico para a cultura de sensações as mais diversas.

Cadinho de emoções boas, dentro dele referviam e se fundiam os mais variados sentimentos, soldando-se em liga indestrutível.

Seu caráter se plasmou assim como um verdadeiro broquel, impenetrável aos golpes traiçoeiros dos seus inimigos. No entanto, a paisagem moral da política, povoada por tantas paixões egoísticas, enfastiava profundamente o médico altruísta. E foi cheio de tédio e de repugnância que ele abandonou a carreira.

Decidiu então dedicar-se ao bem de seus semelhantes, exercendo sua verdadeira profissão e da qual fora tão injustamente afastado pelo ouro falso, mas tentador, das maquinações políticas.

Estava velho. Velho e pobre. Sentia-se contudo forte e saudável. E os poucos anos que ainda lhe restavam seriam empregados no apostolado do bem.

Obediente ao lema da doutrina espírita, muito poderia trabalhar em prol dos necessitados, de corpo e de espírito. E, se assim decidiu, melhor executou esse programa íntimo.

Tornou-se, desde então, exclusivamente médico homeopata e a sua figura avultou como o verdadeiro delegado da aliança espiritual entre Deus e os homens.

De 1895 a 1900, ano em que o seu Espírito se librou no espaço, Bezerra sagrou o seu nome como o de um verdadeiro "médico dos pobres".

Chefe da família espírita na capital da República, exerceu nesse último lustro da sua vida uma autêntica missão de apóstolo e de benfeitor.

De todo o dinheirão ganho, ao tempo em que dirigia várias companhias comerciais, nada mais lhe restava. Vivia pobremente, com a família, em uma casa longínqua dos subúrbios da Central.

Também não ambicionava conquistar, outra vez, grandes proventos, só porque estes pudessem trazer-lhe conforto material.

Seu Espírito, já sublimado pelo sofrimento alheio e pela compreensão integral da doutrina cristã, estava acrisolado e imáculo.

Recebia os que o procuravam e deles, na maior parte dos casos, recebia também um sorriso de gratidão.

De nada mais necessitava, pois se até o pouco, pouquíssimo que possuía ainda, era repartido com os demais!

Inúmeros casos poderiam ser citados como prova da sua ação beneficente em favor dos necessitados. Seria no entanto fastidiosa a repetição dos mesmos gestos de profunda elegância moral do apóstolo. Porque os gestos, de fato, se repetiam com uma constância enternecedora.

Quando Bezerra, por exemplo, era ainda presidente de uma companhia de carris, deixava certo dia os escritórios da mesma, na rua Sete de Setembro. Seis horas da tarde; como dirigente escrupuloso, era sempre o último a sair, após assistir ao fechamento das portas do escritório. Dispunha-se a descer a via pública, rumo ao largo São Francisco de Paula, onde iria tomar o bonde para a Tijuca.

Já na calçada, Bezerra encontrou um velho conhecido, que o abordou nervoso e trêmulo.

— Que é isso meu caro? Que sucedeu?

O homenzinho, com a fisionomia transtornada e angustiosa, contou que acabara de perder o filho e que, desempregado e desprovido de recursos, vinha precisamente para falar ao velho amigo...

Bezerra não pediu mais explicações. Chamou-o para o desvão de uma porta, enfiou a larga mão ossuda na algibeira da calça e sacou da carteira.

— Toma, meu "velho". Leva, leva isto. É tudo o que tenho no momento. Espera; ainda há mais!

E vasculhou os bolsos do colete de onde retirou alguns níqueis.

O infeliz relutou. Mas Bezerra meteu-lhe a carteira e as moedas no bolso do casaco e, sem mais conversas, ganhou a rua.

Com lágrimas nos olhos o amigo se despediu.

Quanto havia na carteira? Nem mesmo Bezerra o sabia; nem lhe importava saber. Desceu a rua Sete de Setembro e chegou ao largo.

Já instalado no bonde, com o jornal aberto sobre os joelhos, meteu os dedos nos bolsos do colete e só então se lembrou de que lá não existia uma moeda sequer!

Calmamente, saltou e se dirigiu a uma casa conhecida, onde foi pedir, pelo menos, os trezentos réis da passagem...

19

"Multi Sunt Vocati, Pauci Vero Electi"

(Evangelho de São Mateus XX e XXII)

O caso precedente, bem como outros, ilustra a contento a afirmativa de que Bezerra de Menezes possuía um coração bondoso e um Espírito que pendia para o Bem.

Vamos citar apenas um outro, mais edificante e mais enternecedor ainda.

Este faz parte da sua vida de clínico e colabora, sobejamente, para o mérito da sua alcunha de "médico dos pobres".

É o seguinte: O conhecido homeopata achava-se, certa manhã nevoenta e penumbrosa, em seu pequeno consultório na Farmácia Cordeiro, à rua 24 de Maio, na estação suburbana do Riachuelo.

Fora, na estreita sala de espera, acotovelava-se a miséria do bairro. Mulheres emagrecidas pelo esforço contínuo e brutal dos trabalhos mais pesados sustinham nos braços crianças descarnadas.

Homens do povo, proletários infelizes e sem recursos, encostavam-se às paredes, no esforço de disfarçarem a própria fraqueza, oriunda de prolongado estado de desnutrição.

Bezerra, pacientemente, com aquele olhar de apóstolo, fazia entrar um por um, no consultório. Com palavras de doce mansuetude animava a todos, após a consulta e a receita, despachadas gratuitamente. Porque ele não cobrava mesmo, fosse o que fosse, à sua clientela pobre. Pobre ou rica. Os que podiam davam-lhe aquilo que bem entendessem. Naquela manhã, no entanto, apenas as mãos da miséria se estendiam para o clínico.

Em dada ocasião, penetrou no consultório uma pobre mulher, com uma criança embrulhada nos braços. Sentou-se e apresentou o filhinho.

Seu aspecto, de profundo desalento, traduzia o drama horrível das vidas cujo corolário é a provação miserável da fome.

Bezerra auscultou a criança; indagou dos sintomas mais elucidativos da moléstia; em seguida receitou.

— Volte para casa, minha filha, e dê ao menino estes remédios, de hora em hora. Compre-os aqui mesmo, se quiser...

A mulher desandou a chorar...

— Comprar, doutor... Comprar com quê?!... Não tenho nem pão para dar ao meu filho...

Bezerra descansou sobre a infeliz seus olhos mansos. Devia ser assim o olhar de Jesus Cristo quando fitava os miseráveis.

— Não se aflija, minha filha. Vou ajudá-la. Nós estamos no mundo para sofrer com os nossos irmãos das suas mesmas dores...

E procurava pelos bolsos do casaco o dinheiro que porventura lá houvesse.

Mas não havia nenhum. O último fora dado ao cliente anterior... Remexeu em todas as algibeiras, com uma esperança secreta. Tudo em vão.

Pôs-se então a pensar. Diante dele soluçava a imagem viva da "mater dolorosa".

Os pensamentos turbilhonavam no cérebro do apóstolo. E foi com o olhar turbado pela névoa de uma profunda mágoa que ele fitou a sua mesa de trabalho, os velhos livros empilhados no armário, os papéis e a caneta, voluteando entre os dedos.

De repente, a um movimento da mão, a esmeralda do seu anel de médico desprendeu um brilho estranhamente verde.

Verde... esperança... E ao brilho da pedra, seguiu-se o brilho de contentamento do olhar do médico.

Enquanto a mãe soluçava, Bezerra sorria. Mansamente, vagarosamente, puxou o anel do dedo.

Virou-o, entre os dedos longos, afundando o olhar no mistério verde daquela pedra, engastada no ouro farto do aro.

Seu anel de formatura!

Viu dentro dele, em um instante, todo o seu longo e porfiado esforço para alcançar o direito de usar aquele emblema.

Quanta luta! Quanta canseira!

E sentiu a satisfação de o poder empregar na ação mais humanitária que Deus lhe proporcionara na vida.

Intimamente, agradeceu a lembrança daquele momento; voltou-se para a infeliz.

— Toma, minha filha, leva isto para casa. Poderás comprar leite, remédio e mais alguma coisa para o teu filhinho...

A desgraçada, vendo o anel que lhe brilhava na palma da mão, com os olhos atônitos e abertos, não sabia o que pensar.

O médico não lhe deu mesmo tempo para tanto. Já de pé, convidava-a a deixar a sala.

— Nada de demoras... Vamos! Tenho outros clientes à minha espera!...

Impelida pela mão bondosa do clínico, a pobre mãe deixou o consultório. Quando se voltou para agradecer, pode ouvir apenas a sua voz apostolicamente mansa:

— Entre, aquele que estiver em primeiro lugar.

E a porta do consultório tornou a fechar-se.

❖

Bezerra era assim. Seu Espírito andava sempre voltado para os outros, na preocupação do que pudessem precisar, do que lhes faltava. Para si mesmo, tudo bastava.

O mundo lhe aparecia como um enorme tablado onde a dor representava continuamente uma longa tragédia.

Consciente da provação imposta à humanidade, nesse grau do seu aperfeiçoamento espiritual, tinha o anseio de minorar, no que lhe fosse possível, os tormentos de alguns.

E trabalhava incessantemente com este escopo esquecendo-se de si mesmo.

De resto, que lhe importava o conforto, o bem-estar material? Não era ele um dos eleitos, bem aquinhoado pela bondade do Supremo? Não merecera, porventura, os mais alcandorados dons espirituais?

Pois então? Para ele isto já era demasiado.

Aquela faculdade que Deus lhe dera de poder aliviar o sofrimento de tantos irmãos, de tantos seres sujeitos a provas dantescas, nos círculos da terra, não seria, efetivamente, um privilégio digno do mais profundo reconhecimento?

Bezerra de Menezes compreendia, como ninguém, o acendrado espírito destas asserções.

Não se julgava superior a quem quer que fosse. Era um ser humano igualzinho aos demais. Possuía a mesma maravilhosa organização vital dos seus semelhantes.

Se o seu poder espiritual sobrepairava acima da craveira comum, a culpa não era positivamente dele. Nada fizera para conquistar os primores de inteligência e de talento científico que caracterizavam o seu Espírito.

Todos os que se achavam em suas condições também não haviam conquistado tais prerrogativas, por esforço próprio?

No entender de Bezerra, um Espírito claro e aberto para a apreensão da ciência, era um supremo bem que Deus confiava a certos homens, a fim de que eles o empregassem em favor dos mais rudes e dos mais humildes.

E o "médico dos pobres" compreendia, como poucos, a sua missão no seio da humanidade. Em seu coração, pleno de serena magnitude, vibravam os conceitos sábios de Jesus.

Guardava dentro dele a sabedoria das parábolas do Mestre, especialmente a dos trabalhadores da vinha. Sabia que dentre os muitos chamados para o trabalho, poucos seriam os escolhidos...

Esses poucos, no meio dos quais ele mesmo se incluía, reconhecidamente, tinham a obrigação de plantar, colher e distribuir o produto do labor entre os que ficavam à margem, esperando as migalhas da bondade! Nesta, Bezerra resumia toda a sua doutrina.

Para ele, somente a bondade poderia redimir os homens de séculos e séculos de maldade.

Por isso mesmo, os últimos cinco anos de vida do desditoso médico foram o próprio corolário da bondade com que ele encarava as imperfeições dos seus semelhantes.

E quando os últimos lampejos de vida o retiveram, semimorto, durante meses, sobre um leito humilde, foi ainda a bondade dos amigos e da massa anônima que o premiaram com os seus gestos emocionais de profundo reconhecimento.

20

Senda Apostólica

Três anos antes do raiar do século XX, Bezerra, mesmo cansado e combalido, atendia em seu consultório, na estação do Riachuelo, às centenas de consulentes pobres que se aglomeravam às portas da farmácia.

Esta, de propriedade do seu velho amigo e companheiro nas lides espiritistas, José Guilherme Cordeiro, estava instalada em um prédio baixo, na rua 24 de Maio, e era, já na época, amplamente conhecida nos subúrbios.

Bezerra acostumara-se àquele cantinho de consultório modesto, nos fundos da loja, onde contava com a amizade fraternal de Cordeiro, cujas faculdades de médium receitista também o tornaram famoso.

Foi aí, entre as quatro paredes daquela sala de trabalho, que a bondade de Bezerra atingiu a culminância, com o caráter de uma autêntica missão apostólica.

O consultório andava sempre cheio. Gente de todas as categorias sociais. Pobres e abastados, crianças, moços e velhos. Tipos humildes de proletários e figuras elegantes da sociedade.

O grande médico, com os seus olhinhos claros e vivos, disfarçando o sorriso bondoso no emaranhado das longas barbas brancas, fixava aquela sucessão contínua de consulentes que passava, diariamente, diante dele.

Observava-os atentamente, e costumava dizer que aprendia todos os dias em seu pequeno consultório uma página viva de "geologia humana"...

— Para quem deseja fixar as camadas sociais, dizia ele, desde as mais baixas até as mais elevadas, nada melhor do que isto.

Toda a crosta social está aqui representada e pode ser estudada, tal como o geólogo estuda as estratificações de um terreno multissecular...

Mas Bezerra olhava aquilo tudo através das lunetas da bondade.

E não via apenas uma criatura enferma, em cada consulente que sentava na cadeira, em sua frente.

Ia além; analisava o tipo social, adivinhava-lhe as amarguras do Espírito, as necessidades e provações provocadas por mil circunstâncias; perquiria-lhe o fundo dos sentidos, auscultava-lhe as dores morais...

E receitava, aconselhando o que a bondade lhe ditava. Dava medicação para o corpo e bálsamo para o Espírito.

Quem saísse do seu consultório, deixava lá dentro o peso que o oprimia interiormente.

Os desprotegidos entravam na farmácia Cordeiro com o amargor a lhes sufocar o coração e voltavam com uma sensação inaudita de alívio compensador.

Não raro, como já vimos, traziam na mão o dinheiro para o remédio ou para o alimento.

Em chegando à casa, relatavam aos parentes, aos amigos e aos vizinhos, a ação boa do "senhor dr. Bezerra de Menezes". Com isso a fama do médico ia crescendo. Crescia e se alastrava. Do bairro longínquo e pobre, irradiava-se para os demais. Tomou conta da cidade inteira.

E, como ele se desvelasse pelos humildes e desprotegidos, a legenda de "médico dos pobres" era citada sempre, após o seu nome.

Todo o Rio de Janeiro conhecia-lhe o nome e os feitos, desde as plagas suburbanas mais distantes até os bairros elegantes de Botafogo e Laranjeiras.

Os carros, vitórias e tílburis rolavam pelo macadame das ruas, assinalando com o estridor das ferraduras dos cavalos a pressa dos seus passageiros.

Eram consulentes que deixavam os palacetes ricos do Flamengo e do Catete e corriam atraídos pela fama extraordinária do médico suburbano.

Quem notasse a afluência enormíssima de clientes nas horas de consultas da farmácia Cordeiro, certamente seria induzido a supor que o dr. Bezerra de Menezes era um homem bem instalado na vida, enriquecido, graças ao dinheirão que recebia pelas consultas.

Tudo engano. Durante os últimos quatro anos de vida — e foram esses justamente os que Bezerra trabalhou naquele consultório — a situação de sua família era a mais precária possível.

A política lhe havia destruído a carreira, levando-lhe os últimos bens adquiridos à custa de labores ininterruptos.

Nada mais lhe restava, além de um nome ilibado e uma disposição sempre crescente para lutar.

De todos os embates, travados em sua longa trajetória através dos homens, Bezerra trouxera, no entanto, o poder de resignação capaz de o fazer resistir a qualquer adversidade.

O conhecimento da doutrina temperara-lhe a alma, acrisolando-lhe os sentimentos.

Daí o extenso movimento de bondade que caracterizou o último período de vida do "médico dos pobres".

Sua família, no entanto, sofria o reflexo do altruísmo do seu chefe. É que Bezerra nada cobrava dos seus clientes. Como bem vimos, não só se esquivava a receber; despojava-se, ainda, dos últimos níqueis, em favor dos pobres.

Quando regressava à casa, muitas vezes não levava um único tostão; e, nas prateleiras do armário não havia sequer uma côdea de pão.

Os tormentos dos entes caros mais o atormentavam. Dias e dias, semanas e meses se sucediam e as agruras se acumulavam.

Não havia remédio. Nem diante da necessidade que imperava em seu lar, nem mesmo a ameaça da miséria que lhe rondava a porta, seriam capazes de derrogar o princípio profundamente filantrópico do médico.

Bezerra era desses temperamentos que não transigem e não cedem, embora o estômago reclame. Só atendia aos reclamos do coração.

Por sentimento de comiseração faria tudo; por imperativos materiais, jamais daria um passo.

Diante da situação aflitiva que se esboçava, tornando a vida insustentável, em casa, sua esposa decidiu agir.

Fazia-se mister tomar medidas destinadas a atenuar os rigores daqueles dias duros e inclementes. E, assim pensando, a companheira do médico foi procurar o amigo Cordeiro.

Expôs-lhe os motivos da sua atitude. Concitou-o, como amigo do seu marido, a fazer qualquer coisa que lhe trouxesse alívio, posto que a situação em casa era desanimadora. Cordeiro surpreendeu-se com o relato. Não sabia, segundo ele próprio confessou, que a vida do seu amigo estivesse a tal ponto comprometida.

Procurou tranquilizar a senhora, e prometeu agir, por seu turno, resolvendo o problema da seguinte forma: cobraria as consultas de Bezerra, mas só àqueles que estivessem em condições de pagar. E, assim mesmo, estabeleceu o preço mais baixo possível: cinco mil réis.

Não foi sem alguma relutância que o médico aceitou tal estado de coisas.

Em verdade, para ser justo consigo mesmo, ele não tinha o direito de deixar a família sem a devida assistência material.

Aceitou portanto a nova ordem estabelecida pelo amigo, mas impôs uma condição: a de que o dinheiro do pagamento das consultas não lhe passasse pelas mãos.

E explicou as suas razões: não podia ver a pobreza sofrer. A mãe, com o filhinho ao colo, o ancião, alquebrado e faminto, a mulher esquálida e desnutrida, todo esse cortejo de miséria e desconforto que lhe passava diariamente sob os olhos merecia o seu carinho e os seus sacrifícios.

Na hora do sofrimento alheio, Bezerra esquecia-se de tudo. Não que a família fosse injustamente esquecida nestes gestos. Ao contrário: por ser um justo é que ele assim procedia.

Possuía o amor da humanidade. Qualquer ser humano que sofresse merecia a sua comiseração e o seu desvelo, fosse ou não fosse um parente seu.

Bezerra, embora mantivesse em alto grau o culto da família, não abrigava sentimentos egoísticos em relação aos demais. A mão que se lhe estendesse recebia a esmola; não precisava ser a de um parente.

Por isso mesmo, "o médico dos pobres" recolhia dentro do seu coração o eco das lamentações de todos os que o procuravam, na sublimação cristã do "amai-vos uns aos outros"...

Diante das razões aduzidas por Bezerra de Menezes ao seu amigo, ficou combinado o seguinte: Cordeiro receberia o pagamento dos cartões e levaria o dinheiro, pessoalmente, à esposa de Bezerra.

Desta forma pôde ser amenizada a situação aflitiva da família do médico.

E a vida continuou...

21

A Parada da Gratidão

Rolaram os meses. Rolaram os anos. Rolou mais uma centúria, 1898, 1899... e o século XX entrou para o calendário.

Na cavalgada do tempo, 1900 raiou como a esperança falaz que a humanidade costuma depositar, supersticiosamente, nos marcos artificiais de cada era.

Seu alvorecer, todavia, não foi promissor para o "médico dos pobres". Foi mesmo o princípio do fim...

Logo nos primeiros dias de janeiro, Bezerra foi acometido por violento ataque de congestão cerebral, que o prostrou no leito, naquele leito pobre de onde ele jamais iria poder levantar-se.

Principiou daí o longo período de agonia que durou três meses, cruciantemente, indescritivelmente...

De fato, poucas páginas, na história da vida humana, podem se assemelhar ao crepúsculo de Bezerra de Menezes, médico dos mais ilustres, nome que brilhara na política, na administração, nas letras, no jornalismo, condutor espiritual do seu tempo e que, por fim, agonizava em um pobre leito de ferro, em plena miséria e nimbado pela auréola da própria bondade.

A casa triste, caiada e branca, casa típica dos arrabaldes cariocas daquela época, onde se encontrava o gigante baqueado, era bem o recanto humilde e sereno onde se deveria desprender um Espírito de tal sublimidade.

Dentro, em um quarto desguarnecido e simples, Bezerra agonizava. Deitado a um canto, sobre um leito de ferro, sua figura impressionava, deveras. A congestão violenta e tenaz arrancara-lhe a fala e os movimentos.

Hirto, inerte sobre a enxerga, o corpo endurecido desenhava, a princípio, sob a colcha, suas formas atléticas. Sobre o travesseiro branco, a cabeça leonina do enfermo se destacava de forma singular.

Os cabelos prateados se derramavam na alvura da fronha, emoldurando-lhe o semblante, e a barba farta se derramava, emaranhada, sobre o peito.

No rosto, onde nem um leve movimento de contração agitava os músculos, a vida se concentrava nos olhos.

Os olhos de Bezerra! Toda a gente que o conhecera falava continuamente de seu olhar. Verdes, da cor dos "verdes mares bravios da sua terra natal", dir-se-ia que dentro daqueles dois olhos se encerrava a imagem translúcida das águas do seu Ceará, em contorções de espuma e arrepiadas pelo sulco das jangadas.

Dentro da penumbra das pálpebras encerrava-se o mistério úmido da alma boníssima do amigo dos pobres.

Seus olhos eram tão mansos, tão suaves, espelhavam tão sinceramente a bondade inata, que não havia como resistir à sua fascinação. Todos os que o conheceram confirmaram esta impressão.

Naqueles meses em que Bezerra vivia o drama terrível da sua agonia, quando tudo se imobilizara nele, foi ainda, o olhar, o último reduto de sua vida.

Os membros endureceram na paralisia irremediável; os olhos continuaram a mover-se. A língua travou-se-lhe na boca retorcida e grossa, mas os olhos brilhavam ainda.

Inquietos e límpidos, rolavam nas órbitas cansadas, percorrendo o âmbito do quarto, aquela câmara humilde onde ele assistia ao desfile das próprias aflições.

Ao lado do leito, apenas uma cadeira de palhinha e uma pequena mesa atulhada de medicamentos, receitas, copos, vidros, etc.

Na cadeira havia continuamente uma criatura qualquer. Era o lugar das visitas.

Só podia penetrar no quarto uma pessoa de cada vez; e isto fazia com que fosse interminável a sucessão dos que vinham ocupar aquela cadeira.

Ninguém falava; mesmo por que Bezerra não poderia responder. E como uma palestra qualquer pudesse, por acaso, conter um sentido doloroso para o enfermo, que ainda ouvia bem, as conversas no quarto eram prudentemente evitadas.

Sucedia então essa coisa estranha: o visitante entrava nas pontas dos pés, sentava-se na cadeira e ali se quedava mudo durante alguns momentos.

Bezerra voltava para ele seus olhos claros e úmidos, onde se escondia o mistério do nada e cuja luz brilhava esquisitamente como que a traduzir a gratidão do enfermo.

Raros eram os que resistiam a esse olhar; e, antes que rebentassem os soluços, a visita se levantava e deixava o quarto, aquele quarto onde se extinguia alguém que, ao partir, iria deixar tanta gente órfã da Bondade.

Na cadeira, o desfile intérmino prosseguia.

Após a elegância e o aprumo de alguma silhueta aristocrática, sentava-se nela o pano esfarrapado da roupa velha de um miserável qualquer. Porque todos os que haviam merecido uma migalha da sua bondade procuravam levar ao enfermo, nessa hora suprema, o lenitivo da sua presença.

E Bezerra, lá do fundo de seu tenebroso sofrimento, ao olhar para o visitante, sentado ao lado do leito, debruçado sobre o espetáculo da sua agonia, com toda a certeza teria reconhecido, um por um, todos os seus clientes.

E quantas vezes nessas ocasiões não havia de sofrer mais, muito mais ainda por não poder minorar o sofrimento daquele alguém, que ali estava, necessitando dos seus conselhos.

Ora o rico, ora o pobre, ora o opulento, ora o miserável...

Durante o dia e durante a noite, nunca ele esteve só. E a gratidão daquela gente traçou, nesses últimos dias de vida do "médico dos pobres", uma página delicada, emotiva e sublime.

Ninguém desconhecia a luta tremenda em que se debatia a família de Bezerra. Toda a gente estava a par de sua maneira de agir e as consequentes dificuldades que lhe assolavam o lar. Mas ninguém teria a coragem de oferecer fosse o que fosse de forma direta.

Temiam todos que isso pudesse ir de encontro às suscetibilidades dos parentes, justificadamente melindráveis em ocasiões tais.

Verificava-se então um caso curiosíssimo: os visitantes enfiavam, delicadamente, suas espórtulas por baixo do travesseiro do enfermo.

No primeiro dia, a pessoa que lhe foi mudar as fronhas surpreendeu-se vivamente. Lá estavam moedas e cédulas. Desde o níquel de tostão até a nota de duzentos mil réis!

Tais demonstrações edificantes que os amigos lhe faziam, anonimamente, valem bem como atestado do respeito e da gratidão que cercava o grande médico, na hora em que ele se preparava para deixar o convívio material dos seus semelhantes.

E essa hora soou afinal, no mostrador do tempo.

22

O Fim

No dia 11 de abril de 1900, dia esplendente de sol e de radiosidade, naquela mesma casa da rua 24 de Maio, Bezerra de Menezes vivia os seus últimos momentos.

Ciente do fim que se aproximava inexorável, o "médico dos pobres" passeava o olhar manso pelo aposento pobre onde seu Espírito sofria, de maneira atroz, durante quase quatro meses.

Naquele olhar onde luziam os derradeiros lampejos de esmeralda, traduzia ele o anseio descomedido do seu Espírito para o voo eterno, nos espaços. É que ele sentia a angústia dos que o cercavam: de seus parentes, de seus amigos, de seus consulentes. Queria falar-lhes e não podia.

E o seu sofrimento avultava com isso. O desencarne afigurava-se-lhe uma verdadeira libertação.

Livre da paralisia que lhe tolhia a língua e lhe roubava a fala, seu Espírito poderia então comunicar-se livremente com toda aquela gente.

Os conselhos de consolo, de conforto moral que pretendia dizer, só então poderiam ser ditos. Por isso mesmo, mudo e estarrecido, Bezerra, no seu íntimo, esperava esse momento, menos pela vontade de se ver livre das dores físicas do que pelo desejo de prosseguir, espiritualmente, na missão que lhe fora outorgada por Deus.

Era, pois, com desusada ansiedade que erguia o pensamento para o Alto.

E do Alto desceu a graça suprema...

Bezerra de Menezes faleceu às onze e meia, sem um estertor, sem uma contração.

No dia seguinte, seu corpo foi sepultado no cemitério São Francisco Xavier, às 2 horas da tarde; e, no dia 13, o *O País*, jornal que fora para ele uma verdadeira tribuna doutrinária, descrevendo-lhe o traspasse, iniciava assim o longo noticiário:

"Revestiram-se de uma solenidade augusta as derradeiras homenagens ontem prestadas a este eminente brasileiro. Desde que se divulgou a notícia do seu falecimento, até uma parte do dia de ontem, uma incessante romaria se estabeleceu em demanda da sua habitação.

Eram os pobres, os humildes e necessitados, no anonimato da sua condição, que lhe iam render o tributo da saudade e do reconhecimento, conquistados a golpes de bondade, e cujos soluços e lamentações se confundiam com os da pobre família desolada."

Nada mais justo do que esse registro do noticiarista. A família de Bezerra de Menezes ficou realmente em situação desoladora. O chefe nada lhe deixara, como recurso material.

Legara-lhe, contudo, o nome, esse nome que é um verdadeiro estalão moral pelo qual se poderão aferir as mais lídimas expressões da Bondade, da Sabedoria, do Altruísmo e do Amor à Humanidade.

No dia 17 de abril, seis dias após o desencarne do "médico dos pobres", alguns amigos se reuniram em uma sala exígua, à rua do Rosário, 141, e se entenderam sobre a melhor maneira de amparar a família.

A essa reunião, promovida por Leopoldo Cirne, compareceram oitenta pessoas.

Uma comissão foi, desde logo, designada para dirigir os trabalhos que seriam encetados naquela data, no sentido de se promoverem espetáculos, concertos, etc., em favor da família de Bezerra. Para chefe dessa comissão foi aclamado o nome do senador Quintino Bocaiúva.

Dias depois, ficou também assentada a ideia da fundação da Sociedade Espírita Beneficente Bezerra de Menezes, "a fim de lhe perpetuar o nome", como constou em ata...

Outros amigos, cujo credo doutrinário era pregado em campo oposto ao do grande médico, entenderam de lhe dar paz à alma, mediante o santo sacrifício da missa, em um templo católico.

A cerimônia anunciada para o dia 29, na igreja do Socorro, em São Cristóvão, "em sufrágio da alma do saudoso e humanitário clínico, constando de missa com **libera-me**", não foi, no entanto, levada a efeito.

Obstáculos de ordem doutrinária se antepuseram, a última hora, ao intento piedoso dos amigos católicos.

O País do dia 30, noticiando o fato, terminou assim a sua apreciação:

"Quando à missa, com **libera-me**, no momento em que não tardaria a começar o sacrifício, para o que já se achava previamente armado o catafalco, na igreja do Socorro, com a orquestra a postos, e presente um considerável número de fiéis, amigos do dr. Bezerra de Menezes, foi recebida uma ordem do Reverendíssimo Vigário Geral da Arquidiocese, proibindo os sufrágios, sob a alegação de se tratar do chefe dos espíritas no Brasil."

Frustrada a intenção dos que queriam salvar-lhe a alma, deixaram todos o pequeno templo e se dirigiram em romaria ao cemitério, onde diante do túmulo do "médico dos pobres" falaram vários oradores, inclusive o dr. João Pereira Lopes.

23

Post Finis

"Tu duca, tu signore, tu maestro."

Na *Divina Comédia,* no momento de empreender sua descida aos infernos, Dante toma Virgílio por guia e lhe dirige estas palavras já famosas.

A família espírita brasileira devia elevar esse verso do genial poeta florentino às culminâncias de um verdadeiro voto espiritual, para todos aqueles que quisessem ingressar em suas hostes.

Diante do retrato de Bezerra de Menezes, erguendo o pensamento bem alto até onde pudesse alcançar-lhe o Espírito, recordando-lhe a ação benemérita, redoirada por sentimentos acrisolados de bondade e de resignação, o neófito seria obrigado a repetir convictamente:

"Tu duca, tu signore, tu maestro".

És meu guia, meu senhor, meu mestre.

E, ao invés de baixar aos infernos, o novo confrade se elevaria ao mundo espiritual...

24

Nota

A Sra. Lêda Acquarone de Sá, filha e herdeira de Francisco Acquarone, enviou à Editora Aliança, em 20 de outubro de 1980, carta solicitando alterações em alguns parágrafos do texto deste livro (já efetuadas nas edições anteriores), atendendo a pedido de dona Adcéa Leal de Lima, neta de Júlio César Leal.

Os Editores

Aliança

Para receber informações sobre os lançamentos da Editora Aliança, cadastre-se no site:

www.aliancalivraria.com.br

Para saber mais sobre nosso títulos e autores, bem como enviar seus comentários sobre este livro, mande e-mail para:

atendimento@editoraalianca.com.br

Conheça mais da Aliança:

www.editoraalianca.com.br

www.facebook.com/pages/Editora-Aliança

www.twitter.com/editora_alianca